고려 석불의 조형과 정신

고려 석불의 조형과 정신

• 김진숙 지음 •

참글세상

1% 나눔의 기쁨

월출산 마애 여래 좌상 전경

2년 전에 인도 사르나트에서 10여 일 머문 적이 있다. 이곳은 부처님
께서 깨달음을 얻은 후 처음으로 설법을 하신 장소이다. 여기서 시간이
날 때마다 사르나트 고고박물관에 가서 5세기 굽타 시대의 가장 이상적
인 불상으로 알려진 사르나트 출토의 설법인(說法印) 여래 좌상을 보았다.
살짝 내려뜬 눈과 전체 모습에서 불상 최고의 고요함과 숭고함은 물론
이고 볼 때마다 새로운 아름다움이 느껴졌다. 그 밖에 박물관에 전시되
어 있는 다수의 아름다운 굽타 시대의 불상과 부조 조각들을 직접 볼 수
있는 귀중한 시간을 가졌다.

굽타 시대의 불상들은 인도인이 가장 이상적으로 여기는 얼굴이며,
전체적으로 고요하고 아름다운 모습의 불상들이 많다. 이 시기의 불상은
이후 중국과 한국, 일본 등 동아시아 불교 미술의 모델이 되었다.

불상은 대승불교의 발달과 더불어 2세기경 인도 서북부의 간다라 지
방과 중부의 마투라 지방에서 처음으로 만들어지기 시작했다. 간다라 불

상은 주로 그리스·로마인의 모습으로 대체적으로 어딘가 우울하고 깊은 명상에 빠져 있다. 반면에 마투라 불상은 인도인이나 또는 풍요의 신인 야크샤(Yaksha)와 야크쉬니(Yakshini)의 모습처럼 눈을 크게 뜨고 자신감과 생명감이 차 있다.

5세기 굽타 시대가 되면 마투라 불상의 성격이 강하면서도 간다라 불상의 영향을 받은 위에서 말한 사르나트 고고박물관의 설법인 여래 좌상이나 마투라 출토의 뉴델리 국립박물관의 여래 입상과 같은 인도 전성기의 불상들이 조성된다.

중국의 경우, 4세기경부터 예배의 대상으로 불상이 만들어지기 시작하며, 5세기 북위(北魏) 시대에 이르면 몸체는 건강하고 두터운 대의가 특징인 불상들이 조성되기 시작했다. 이후 북제(北齊) 시대를 거치면서 어린아이 같은 온화한 불상들이 만들어지고, 수(隋) 시대에 이르면 옅은 미소를 띠면서 몸체가 긴 날씬한 불보살상이 조성된다. 당(唐) 시대에 이르면 인도 굽타 불상의 영향으로 신체는 풍만해지고 옷 주름은 사실적으로 표현되나 얼굴은 중국인의 모습을 한 전형적인 중국 불상 양식이 확립된다.

일본은 아스카(飛鳥), 하쿠호(白鳳), 텐표(天平) 시대를 거치면서 한국과 중국의 영향을 농후하게 받은 불상들이 조성되었고, 이후 점차 일본적인 양식의 불상들이 조성된다. 10세기 이후, 헤이안(平安) 후기에 조성된 우지(宇治) 지방의 뵤도인(平等院) 아미타여래 좌상은 가장 일본적인 양식이 달성된 대표적 불상이다.

한국은 삼국시대에는 중국 양식의 영향을 받으면서도 반가사유상과 같은 독자적인 불상들도 만들었다. 이후 통일신라는 삼국의 전통을 계승하면서, 한편으로는 인도 굽타와 당 양식의 영향을 받아 불상 조각의 최전성기를 맞는다. 대표적인 예로는 석굴암의 상들과 수많은 금동 여래상들을 들 수 있으며, 특히 석굴암 본존상은 한국 불상의 정점에 서 있다는 것은 이미 알려진 사실이다.

이와 같은 불상의 흐름은 32상(相) 80종호(種好)라는 기본적 도상에 충실하면서도 각 나라와 시대에 부합하는 불상들을 조성해 왔다. 그 불상들은 각 민족이 가장 이상적으로 여기는 모습들이며, 이는 조형 예술 속에서의 불상 흐름이다.

한편 불교 미술은 각 지역별로 불교 발생 및 전래 이전부터 있었던 기존 신앙이 불교에 자연스럽게 수용되고 불교 외적인 요소들이 습합되어 불상이나 그 장엄(莊嚴)에 쓰이면서 불교 미술을 더욱 풍요롭게 만들었다.

예를 들면, 인도에서는 인도 힌두교의 신들인 제석천과 범천 등을 불교의 수호신으로 불상과 함께 조각했다. 그리고 불교 성립 이전의 인도 고유 사상이라 할 수 있는 연화(蓮華)가 부처님의 유골을 모신 스투파의 장엄에 쓰였다. 더 나아가 연화 속에서 많은 성스러운 신(神), 사람, 동물, 식물 등이 태어나고 이윽고 불보살마저 태어난다는 '연화화생(蓮華化生)'의 사상으로 발전한다. 이후 이 연화화생에 의거한 장엄은 불교 미술의 중요한 요소로 자리 잡는다.

중국 불교 미술에서도 중국 본래의 사상인 눈에 보이지 않는 '기(氣)의 발산'이라는 관념이 불상의 옷 주름이나 광배 그리고 광배를 둘러싼 화염문(火焰紋) 등에 나타나기 시작했다. 이는 부처의 심상치 않은 신력(神力)의 표현이며, 또한 불상과 장엄의 표현에 있어 중국화인 것이다. 나아가 둔황 모가오 석굴 제285굴에서 볼 수 있듯이 기(氣)라는 에너지의 빠른 회전 속에서 천지는 물론이고 성스러운 것들이 태어난다고 하는 화생(化生) 사상이 보인다. 중국에서는 인도에서 전래된 연화화생과 중국적인 기(氣)의 화생이 불교 미술에 함께 쓰이면서 불교 미술의 장엄이 더욱 다채로워졌다.

일본의 경우는, 무형(無形)의 신[神靈]이 내린 신목(神木)에 이국의 신인 불(佛)이 숨어들어 이윽고 그 모습을 나타낸다고 하는 관념에서 성스런 신목에 새겨진 '입목불(立木佛)'과 '영목화현불(靈木化現佛)'이 조성되었다.

한국의 경우도 예외는 아니었다. 경주 일대와 경주 남산의 마애불은 재래 신앙에서 신령스럽게 여기던 바위에 불상을 새겼다. 그리하여 재래 신앙과 불상이 자연스럽게 결부되었고, 마애불의 표현 방법은 바위에서 부처가 서서히 출현한다고 하는 화생(化生)의 과정, 즉 '영석화현불(靈石化現佛)'을 나타냈다.

이는 바로 각 지역의 토착 신앙이 불교 미술의 수용과 정착화와 더불어 습합되어 가는 과정이며, 또한 조형 예술 속에서의 불상의 흐름과는 다른 계통이다.

이상과 같은 인도의 연화(蓮華), 중국의 기(氣), 일본의 영목(靈木), 한국의 영석(靈石) 등은 예부터 각 지역에 전해져 왔던 사상 및 신앙이며 그것들이 불교와 습합함에 따라 불교 조각은 각 지역에 있어 민족적인 특징을 나타내고 있다.

한편 당나라는 당시 주변 국가들에게 정치, 문화를 비롯한 모든 면에 있어 지대한 영향을 미치고 있었다. 불교 미술에 있어서도 당나라를 중심으로 동아시아의 국제적인 양식을 형성하고 있었다. 그와 같은 당 제국의 멸망[907년]은 주변 국가들이 각 지역의 불상 조성에 있어 민족적인 자각을 촉진하는 전환점이 되었다. 즉 우리나라에서는 통일신라가 멸망하고 고려로 접어든 시기로, 조소(彫塑)적인 계통의 조각보다는 전국적으로 양식적 통일성을 찾기 어려운 거대한 석불들이 활발하게 조성되기 시작했다.

이와 같은 고려 석불이 조성되기까지의 역사적 배경에 대한 이해는 그 독특한 양식적 특징을 파악하는 주요한 근간이라 할 수 있다. 고려 석불은 재래 신앙에서 성스럽게 여기던 암석에 조성되었기에 본래의 신령스러움과 최대한 자연스럽게 조화될 수 있도록 했던 것이다. 따라서 필자가 이 책에서 다룬 고려 석불은 일반적인 미술사적 관점뿐만 아니라 종교 예술로서 나아가 재래 신앙과의 결합을 보여준 가장 한국적인 양식으로 가치를 부여한다.

이를 위해 제1장 불교의 수용과 재래 신앙에서는, 불교가 삼국시대에 전래되는 과정과 기존의 토착 신앙과의 습합 과정을 살펴볼 것이다.

다음으로 고려 석불을 고찰하기 위한 전제 작업으로서, 제2장에서는 삼국과 통일신라 불상들을 조소적인 흐름의 불상과 재래 신앙과 습합된 것으로 여겨지는 불상으로 나누어서 분류하고 각각의 특징을 개괄하고자 한다. 전자에서는 주로 한국적이라 여겨질 만한 불상의 얼굴 생김을 고찰하고 석굴암 본존상과 그와 양식적으로 유사한 불상들을 중점적으로 살펴볼 것이다. 후자에서는 삼국과 통일신라의 대표적인 마애불을 중심으로 재래 신앙과 불상과의 습합이라는 관점에서 각 작례들의 특징을 분석하고자 한다.

제3장 고려시대의 불교 조각에서는, 먼저 고려시대의 사회와 불교의 특징을 개괄하여 고려 석불이 조성된 배경을 파악하고자 노력하였

다. 본론에 들어가서는 고려 석불에서 조소적 표현을 지향했던 작례와 자연의 암석을 중시한 경향이 강한 작례로 나누어 검토해 볼 것이다. 특히 후자에서는 바위와 상과의 관계를 중심으로 하여 네 가지로 분류하였다. 이 분류 속에는 고려시대의 석불과 마애불이 전부 망라된 것은 아니지만 필자가 중요한다고 여기는 상들이 중심이 되었음을 미리 밝혀 둔다. 이 책에서 다루지 않은 작품들은 이후 조사를 통하여 보완해 나가고자 한다.

　필자의 고려 석불에 관한 연구는 은사이신 이노우에 다다시(井上 正) 선생님의 한국 불상에 대한 애정과 호기심 그리고 이에 대한 절대적인 지도와 격려가 아니었으면 이루어지기 어려웠을 것이다. 선생은 특히 『고불(古佛)』[法藏館, 1986], 『7~9세기의 미술 – 전래와 개화』[岩波書店, 1991] 등을 비롯한 많은 저서와 논문을 통하여 일찍부터 불교 장엄에 있어서 각 민족의 고유 사상, 즉 인도의 연화화생이나 중국의 신비스러운 운기화생(雲氣化生) 등이 불교 미술과 결합되는 양상을 밝히셨다. 나아가 선생은 일본 불교 조각을 조소 조각적 관점에서 본 일본적인 불상의 흐름에 관해서는 물론 일본 고유 사상인 영목(靈木)과 불상과의 습합을 밝힌 '입목불'과 '영목화현불'에 관한 이론적 체계를 확립하셨다.

　선생은 늘 불교 미술은 종교 미술, 종교 활동의 결과물로서 일상의 세계가 아니라 심상치 않은 초월적인 세계의 표현이라는 점을 강조하셨다. 그리고 연구자는 작품 비평하는 힘을 항상 자기의 중심에서 닦아 나가야 하며 그러기 위해서는 현장에서 작품을 직접 감상하여 상이 본래 가진 매력과 특색을 적확하게 파악하는 것이 중요하다고 하셨다. 또한 이 모든 작품들을 볼 때 동아시아라는 기반 속에서 인도를 포함하여 중국, 한국, 일본 등을 항상 비교하는 넓은 시야를 갖기를 원하셨다.

일본에서 공부하는 동안 현장 조사를 위해 한국에 나와 몇 차례에 걸쳐 전국을 돌아다니며 불상들을 조사했다. 특히 통일신라 전성기의 불상이 많이 남아 있는 경주와 모든 조각 수법이 총동원된 남산의 불상들은 필자의 연구에 있어 필수 교과서와 같았다.

더운 여름에 무거운 카메라 장비를 메고 산마다 올라다녀야 했고, 좋은 사진을 찍기 위해 촌각을 다투는 아찔한 순간도 있었다. 스님이나 신도가 불상 앞에서 기도를 드릴 때는 기꺼이 몇 시간도 기다리곤 했다. 영험이 있다고 알려진 불상 앞에서 기도를 하는 무속인의 매서운 눈초리도 받았으며, 신령스럽고 은밀한 바위를 찾아갈 때는 무서움도 느끼곤 했다.

이 책은 일본 불교대학에 제출했던 박사 학위 논문을 수정 · 보완한 것으로 아직 세상에 내놓기 부끄러운 점이 많으나 이 책의 출판을 계기로 앞으로는 각 나라에 있어서 조소적인 불상의 흐름 속에서의 민족적인 양식들을 규명해 보고자 한다. 그리고 각 지역의 재래 신앙과 불교와의 습합 양상이 불상과 불교 미술의 장엄에 어떻게 표현되어 왔는가에 대한 연구를 지속하고자 한다. 그중에서도 특히 고려와 조선 석불들의 치밀한 조사와 조성 원의(願意)를 파악하여 불교 미술에 있어서 한국적인 양상의 전체적인 모습을 찾아보고자 한다.

박사 학위를 마치고 미국에 건너가 여의치 않게 한국의 현장 조사가 이루어지지 않아 연구를 지속하지 못한 점은 나에게 늘 부담이었다. 그러나 한 달 간의 인도 답사를 통해서, 경주와 경주 남산 그리고 서산 마애 삼존불 등의 답사는 필자에게 이 책을 출간할 수 있는 용기를 주었다.

다시 한 번 늦었지만 은사이신 이노우에 다다시 선생님께 감사드린다. 그리고 늘 조용한 미소와 격려로 지켜봐 주신 일본 불교대학의 나리타 준치(成田俊治) 선생님과 이케미 죠류(池見澄隆) 선생님에게도 감사드린다. 동국대학교 역사교육과의 은사이셨던 홍윤식 선생님, 그리고 동국대학교에서 강의와 연구를 할 수 있도록 이끌어 주신 정태섭 교수님을 비롯하여 역사교육과 여러 교수님들께도 감사드린다.

또 나에게 불교와 불교 미술을 공부하도록 물심양면으로 도와주신 분은 바로 법정 스님이시다. 스님은 내가 일본에 유학 갈 때도 그리고 미국에 갈 때도 늘 격려해 주셨고, "육신에는 나이가 있지만 정신에는 나이가 없다."고 하시면서 매 순간이 시작이며 최선을 다해 살 것을 당부하셨다.

사진 실습과 학위 논문의 도판 촬영, 현상을 도와준 일본 나라 국립 문화재연구소(奈良國立文化財研究所)의 우시지마 시게루(牛島 茂) 선생을 비롯하여 사진실의 여러분께 진심으로 감사드린다. 어렵고 까다로운 불교 미술책을 흔쾌히 출판해 주신 참글세상 이규만 사장님에게 감사드린다.

마지막으로 나를 끝까지 믿어 주고 공부할 수 있도록 격려해 주신 부모님과 형제들 그리고 모든 희생을 기꺼이 감수해 준 남편과 아들에게도 고마운 마음 전하고 싶다.

2013년 여름
김진숙

제3장 고려시대의 불교 조각

제4장 맺음말

서산 마애 삼존불

미술사의 연구 목적은 작품의 예술적 가치를 중시하고 과거 미의식의 변천을 규명하는 데 있다. 그것을 위해서는 양식적 고찰에 따르면서 작례(作例)의 편년 체계를 확정하는 것이 필요하다. 그러나 이것은 미술사의 일반론이며 불교 미술에 있어서는 종교가 원점이 된 심오한 정신성을 깊이 고려하지 않으면 안 된다. 작례에 포함되어 있을 것으로 추정되는 특정 지역이나 민족의 종교관이 어떤 표현 기법을 통해서, 어떻게 표현되었는가를 파악하는 것은 중요한 일이다. 이는 곧 종교 미술로서의 불교 미술에서 일반론적 관점이 간과하기 쉬운 것들을 발견하는 새로운 계기가 될 수 있기 때문이다.

이 책에서 자주 사용하고 있는 민족적 양식이란 어느 지역의 역사적 · 종교적 배경을 근간으로 해서 주변 지역이나 시대적 흐름을 유기적으로 파악하여 그 지역에서 발생한 불교 미술의 종합적인 양식적 특징을 의미한다. 따라서 결코 시간적 · 공간적으로 단절된 그 민족 독자의 양식

혹은 국수적 해석이 아님을 우선 분명히 해두고 싶다.

한국 불교 미술사의 연구 현황을 보면, 이제까지 삼국과 통일신라에 관한 연구가 주를 이루었고 최근에 이르러 고려시대의 불상에 대한 관심과 연구가 이루어지기 시작했다. 그 원인으로 생각할 수 있는 것은, 먼저 한국 불교 조각사의 최고 걸작으로 여기는 석굴암의 불상이 만들어졌던 시기가 통일신라 최전성기였고, 그 후 고려시대는 한국 불교 미술의 쇠퇴기로 각인되는 경향이 있었다는 점이다.

다음으로 통일신라는 수도인 경주를 중심으로 한 중앙 양식이 많이 남아 있지만 이에 비해 고려시대는 수도인 개성을 중심으로 한 작례가 거의 남아 있지 않다는 것이다.

마지막으로 고려시대의 작례는 개성이 강한 것이 많아 미술사 전체에 있어 국제적 통일성에 부합하기가 어렵고 심미적 질이 떨어지는 한편 민족성을 지향하게 된 것으로 보이는 점이다. 특히 고려시대의 거대 석불은 조소(彫塑) 조형의 예술성이 뒤떨어져 있는 것처럼 보여 미술 감상이라는 측면에서는 비교적 등한시되어 온 점은 부정할 수 없다.

고려는 918년에 건국되었으나 당시 중국은 907년에 당이 멸망하고 5대 10국의 분열 시기[907~960년]가 시작되던 때였다. 그때까지 동아시아 문화 전체를 하나로 연결해 주었던 당이 멸망함에 따라 각 지역의 문화사에 있어 중대한 전환기가 되었다. 바꾸어 말하면 지금까지 강력한 문화의 진원지였던 중국의 영향력이 약해짐에 따라 당시 고려 초기인 한반도나 헤이안(平安) 후기인 일본은 당의 강한 영향력에서 벗어나 표현의 범위를 넓힐 수 있는 자유로운 풍조의 시기를 맞이했던 것이다. 실제로 고려시대에 삼국과 통일신라에 비해 중국에 들어가 불법을 구하던 승려의 수가 현저하게 적은 것은 그만큼 중국과의 불교 교류가 활발하지 않았음을 간접적으로 보여주는 예라고 할 수 있다.[1]

이 책에서는 고려 석불에서 보이는 한국 불상의 독자적인 양식을 논하기 위해 우선 통일신라까지의 정통적인 불상의 흐름을 개관하고자 한다. 나아가 본격적으로 고려시대 석불을 고찰하기 위해 다음 세 가지 테마를 중심으로 하여 고찰해 보고자 한다.

첫째, 고려 석불에 나타나는 사회 · 종교 미술적 배경
둘째, 고려 석불의 석재관
셋째, 여러 작례들의 형식, 양식

첫 번째 고찰에서는 고려시대의 중국과의 관계, 풍수지리설과 관계가 깊은 비보사탑설(裨補寺塔說), 불교 의례의 하나인 팔관재회(八關齋會) 등을 살펴보아 거대 석불을 조성한 사회적 경위를 찾고자 한다. 또한 불교 수용 이전부터의 재래 신앙, 특히 산악과 암석에 대한 신앙을 기록이나 전승을 중심으로 정리하여 재래 신앙이 고려 석불에 미쳤던 영향을 엿보고자 한다.

그리고 둘째로, 고려 석불에 있어 석재관(石材觀)을 고찰하여 석불 표현의 특징으로 볼 수 있는 자연석에 얇은 부조(浮彫)나 선각(線刻)으로 불상을 조성하여 자연석을 살리려고 했던 뜻을 분명히 하고자 한다.

셋째로는, 돌이 놓여 있는 상태와 불상의 조각 방법을 기준으로 조소

---

1 표1 입중국유학승 참조.

적 표현을 목표로 했던 작례와 자연의 암석을 존중했던 작례로 나누어서, 그 형식과 양식을 고찰해 보고자 한다. 전자는 통일신라 불상의 조형미가 그대로 계승되고 있는 전통적 계통 속에 있는 작례이다. 그리고 후자는 주로 통일신라 마애불의 전통을 계승하면서도 지금까지 볼 수 없었던 고려 양식으로 특징을 명확히 내세울 수 있는 작례이다. 특히 이 줄기의 작례로 대표되는 '자연석의 모양을 살린 환조상(丸彫像)'은 이 책에서 가장 중요시하는 핵심이며, 이러한 석불 조성의 원의(願意)와 그 결과를 파악하여 종교 미술사로서의 독자적인 시각을 제시하고자 한다.

이상과 같은 연구 방법은 종래의 석불을 수인(手印)과 같은 형식면이나 조형미의 우월을 논하는 양식적인 면에 의해 분류하려는 것이 아니다. 또한 양식의 계통을 분명히 해서 그 편년을 자리매김하는 것을 주안으로 하지 않는다. 요컨대 기본적으로 작례의 표현은 전부 의도적으로 적극적인 의욕을 가지고 행해졌을 것이라고 전제한다. 그리고 그 위에 언뜻 보아 무의미하게 보이는 표현이라 할지라도 만일 여러 작례에서 공통적으로 나타나고 있다면, 그 표현의 결과는 예배하는 사람이 어떻게 받아들이는가 하는 신앙 대상의 입장을 고려해야 할 것이다.

이러한 연구를 진행하기 위해서는 작례에 대한 현장 조사 작업은 절대적으로 불가결한 것이었다. 예를 들면, 실제로 현지에서 작례들을 관찰하면 불상과 주변의 상황과 광선의 변화 그리고 예배의 위치에 따라 변하는 불상의 이미지는 우연히 만들어진 것이 아니고 조성자의 의도에 따른 표현인 것을 발견할 수 있기 때문이다.

1

불교의 수용과
재래 신앙

도4 인왕산 선바위, 서울 종로구 무악동

불교의 수용과 전개

삼국이 고대 국가를 형성하기 시작한 것은 고구려 제6대 태조대왕(太祖大王), 백제 제5대 근초고왕(近肖古王), 신라 제17대 내물왕(奈勿王)의 시대로 추정된다. 그 당시는 왕권의 강화가 절실히 요청되었다. 즉 정복 전쟁에서 이기기 위해 국력의 중앙 집중이 강력하게 요구되던 시기였다. 이에 반해서 귀족 세력은 무교(巫敎) 사상을 기반으로 해 왕권의 강화를 견고히 견제하고 있었다.

바꾸어 말하면, 왕실 측으로서는 귀족 세력을 누르기 위해 지금까지 그들의 사상적 기반을 대체할 만한 새로운 사상이 요구되고 있던 시기였다.[1]

이러한 배경 속에서 불교는 점차 왕실 측의 주목을 받기 시작하였다.

---

1 고익진, 『한국고대불교사상사』, 동국대학교 출판부, 1989, pp. 24~25.

그리하여 고구려는 소수림왕 2년(372)[2], 백제는 침류왕 1년(384)[3], 신라는 법흥왕 14년(527)[4]에 정식으로 불교를 받아들였다.

그러나 당시의 사람들은 천신과 조령(祖靈)에 기원 감사하는 제사, 길흉화복(吉凶禍福)을 예지하는 점복(占卜), 악신을 억누르고 쫓아내기 위한 무교의 종교 행위나 의례가 생활 속 깊이 뿌리내리고 있었기 때문에 새로운 신앙인 불교를 그대로 받아들일 수 없었다.[5] 예를 들면, 기존의 제천 의례의 일반적 형태였던 살생[供犧], 음주, 가무 등은 불교의 신앙 행위와 배치되는 것들이었다. 따라서 한 달 중에 육재일(六齋日)에 팔계(八戒)[6]를 지키면 제석천이 기뻐한다는 '팔관재(八關齋)'를 만들어 제천 의례

---

2 "高麗本記云, 小獸林王即位二年壬申, 乃東晉咸安二年孝武帝即位之年也. 前秦符堅遺使及僧順道, 送佛像經文(時堅都關中 卽長安), 又四年甲戌, 阿道來自晉. 明年乙亥二月, 創省門寺以置順道, 又創伊弗蘭寺以置阿道, 此高麗佛法之始."(『三國遺事』, 3권, 제3 흥법, 「順道肇麗」) 그리고 『삼국사기』, 18권, 「小獸林王二年」과 『海東高僧伝』, 1권, 「釈順道」에도 동일한 내용이 기록되어 있다.

3 "百濟本記云, 第十五枕流王即位甲申(東晉孝武帝大元九年), 胡僧摩羅難陀, 至自晉, 迎置宮中禮敬. 明年乙酉創佛寺於新都漢山州, 度僧十人, 此百濟佛法之始."(『삼국유사』, 3권, 제3 흥법, 「難陀闢齊」.) 또한 『삼국사기』, 24권, 「枕流王元年·二年」과 『海東高僧伝』, 1권, 「釋摩羅難陀」에도 같은 내용이 기록되어 있다.

4 『삼국유사』, 3권, 제3 흥법, 「原宗興法厭髑滅身」.

5 삼국의 개국시조는 태양신에서 강림한 조상신으로서 시조의 묘에서 제사 지내고, 특히 고구려는 국모까지 신묘에 모셨다. 또 하늘에 제사 의식을 담당하는 주술사를 천군(天君)이라 불렀고 소도(蘇塗)라는 신성 지역을 관할했다. 소도에는 큰 나무를 세우고 방울과 큰 북을 달아서 귀신을 섬겼으며 그곳에는 죄인이 들어가도 잡을 수가 없었다.(國邑各立一人, 主祭天神名之天君…又諸國, 各有別邑, 名之爲蘇塗…事鬼神,『三國志』, 30권, 「韓傳」.)
제천 의식으로서는 부여의 영고(迎鼓), 고구려의 동맹(東盟), 예의 무천(舞天), 마한의 제천 등이 행해지고 음주가무를 통해서 신과의 접촉을 도모했다. 그 후 태양신은 천제(天帝)의 개념으로 바뀌고 항상 최고 지위의 존재로서 숭배되었다. 또한 명산대천의 신령도 중요한 제사의 대상이었다. 고구려에서는 산천제가 있었으며, 또 사직(社稷), 수신(隧神)들은 지신의 일종으로 받들어 모셔졌다. 백제의 경우, 역대 왕은 즉위 후에 시조의 묘와 천지산하에 단을 설치해 친히 제사하는 것을 관례화했다. 신라는 삼산(三山), 오악(五岳) 및 명산대천에 대·중·소의 제사를 행했으며 그곳에 상주하는 산의 신이나 신선은 읍락이나 국가의 수호신으로서 신앙되었다.

6 팔계(八戒)는 살생하지 말 것, 훔치지 말 것, 음행(淫行)하지 말 것, 거짓말하지 말 것, 술 마시지 말

도1 불상 앞에서 재를 준비하고 있는 무녀. 경주 남산 삼릉곡

대신 불교 의례를 행하도록 하는 형태로 타협점을 찾았던 것으로 여겨진다.[7]

이처럼 삼국에 전해져 온 불교는 기존의 무교적 기반과 종교 의례를 받아들이면서 사람들에게 다가갈 수 있었다. 이것은 무교의 입장에서 보면, 무교의 전통이 외래 종교인 불교의 전래에 의해 단절되는 것이 아니라 불교 속에서 그 명맥을 이어갈 수 있었음을 의미한다. 그래서 개인의 신앙 행위는 예를 들어 집단적 신앙 의례가 완전히 불교적으로 되어 버린 현재의 한국 불교 속에서도 이와 같이 습합된 형태가 남아 있다.도1

것, 화려한 구슬로 된 장식물을 하지 말며 노래하고 춤추지 말 것, 높고 넓은 평상에 앉지 말 것, 때가 아니면 먹지 말 것 등을 말한다.

7　고익진, 앞의 책, pp.88~89.

따라서 본 연구와 관련하여 이러한 재래 신앙이 불교 속에 들어온 대표적인 예를 몇 가지 간략하게 서술해 보면 다음과 같다.

먼저 삼국의 신선(神仙) 사상과 산악(山岳)에 대한 신앙을 들 수 있다. 중국의 신선 사상이 삼국에 언제쯤 전래되었는가는 분명하지 않지만 고구려에서는 일찍부터 받아들여 토착 신앙이나 불교와 밀접하게 관련이 있었다. 예를 들면, 고구려 벽화에는 중국 고래 선인의 특징을 갖춘 선인상(仙人像)이 그려져 있으며,[8] 선인상은 후기의 고분 벽화 속에서는 비천(飛天)과 함께 그려져 있다.[9] 또 『삼국사기』에는 영류왕(榮留王) 7년(624)에 당의 고조(高祖)가 도사(道師)와 천존상(天尊像) 및 도법(道法)을 보냈고, 보장왕(寶藏王) 2년(643)에는 도사 8인이 고구려를 방문해 명산대천(名山大川)에 국가를 진호하는 재를 행했다고 하는 기록도 보인다.[10]

한편 백제에서는 무령왕(재위 501~523년)의 능[11]이나 부여 외리(外里) 유적[12]에서 신선 사상과 연관되는 유물들이 보인다.[13] 기록에서 보면, 수도인 부여 주변에 일산(日山), 오산(吳山), 부산(浮山) 등의 세 산이 있어 국

---

8 무용총(舞踊塚) 주실(主室) 벽화와 통구(通溝) 사신총(四神塚) 현실(玄室) 서쪽 벽.

9 남포시 덕흥리 고분(408년)의 전실 천정 벽화에 여러 체의 선녀가 보이며, '옥녀지번(玉女持幡)' '선인지화(仙人持華)'가 쓰여 있다. 또 강서대묘(7세기경) 후기의 고분 벽화에는 선인과 비천이 함께 그려져 있다.

10 『삼국사기』, 49권, 「蓋蘇文傳」.

11 무령왕(사마왕)이 죽어 묘에 안장하고 토지 신에게 능의 토지를 샀다는 내용의 지석(誌石)이 출토되었다. 이러한 매지권(買地券)은 토지에 대한 지신(地神)의 보호를 기원하는 도교 사상에 기인한다. 또 무령왕릉에는 연화, 비천, 서조(瑞鳥) 등도 그려져 있다.

12 귀형문(鬼形文) 2종류, 반용문(蟠龍文), 봉황문, 연화문, 화화와운문(華花渦雲文), 산수봉황문, 산수산경문 등의 문양전이 출토되었다. 특히 산수산경문전은 신선 사상에 의거한 산수의 표현이다.

13 대표적인 것으로는 금동대향로(높이 62.5cm, 부여 능산리사지 출토), 사택지적비문(砂宅智積碑文, 7세기)이 있다.

고려 석불의 조형과 정신 ──

가가 번성할 때 그 산들의 신인(神人)이 서로 왕래하면서 만났다고 한다.[14] 또한 무왕 35년(634), 왕궁 남쪽에 연못을 축조해 그 안에 섬을 만들었으니 이것은 삼신산(三神山)의 하나인 방장선산(方丈仙山)일 것이라는 기록도 보인다.[15]

나아가 신라에서는 신선 사상에 얽힌 영지(靈地)나 영산(靈山)에 관한 기록이 많이 남아 있다. 그중에서도 삼산(三山)과 오악(五岳)의 명산대천이 국토를 진호해 준다는 관념이 중요시되어 왔다. 삼산이란 수도인 경주를 중심으로 우뚝 솟아 있는 나력(奈曆), 골화(骨火), 혈례(穴禮) 등의 세 산을 가리키며,[16] 오악은 경주 평야를 둘러싼 산악 중에서 북악, 서악, 남악, 중악 그리고 동악인 토함산을 가리킨다. 그러나 오악은 삼국 통일 후에 영토의 확대와 더불어 남악의 지리산, 서악의 계룡산, 북악의 태백산, 중악의 부악(父岳), 동악의 토함산 등으로 바뀌었다.[17] 이 삼산과 오악 각각에

---

14 "又郡中有三山, 曰, (日)山具山淨山, 国家全盛之時, 各有神人居其上, 飛相往来, 朝夕不絶."(『삼국유사』, 2권, 제2 기이, 「남부여 전백제 북부여」.)

15 "三十五年…, 三月, 穿池於宮南, 引水二十余里, 四岸植以楊柳, 水中築島嶼, 擬方丈仙山."(『삼국사기』, 27권, 「백제본기 무왕」.) 삼신산은 중국 전설에 나오는 세 신산(神山)으로 봉래산(蓬萊山), 방장산(方丈山), 영주산(瀛洲山) 등을 말한다.

16 『삼국유사』, 1권, 제1 기이, 「김유신」. 삼산은 각각 경주의 낭산(狼山), 영천의 금강산(金剛山), 청도의 부산(鳧山) 등을 가리킨다.

17 "在位二十三年, 建初四年己卯崩, 葬疏川丘中, 後有神詔, 愼埋葬我骨, 其髑髏周三尺二寸, 身骨長九尺七寸, 齒凝如一, 骨節皆連璅. 所謂天下無敵力士之骨. 碎爲塑像, 安闕內神又報云, 我骨置於東岳, 故令安之(一云, 崩後二十七世文虎王代, 調露二年庚辰三月十五日辛辰夜見夢於太宗, 有老人貌甚威猛, 日我是脫解也. 拔我骨於疏川丘, 塑像安於土含山, 王從其言故至今國祀不絶, 即東岳神也云)".(『삼국유사』, 1권, 제1 기이, 「제4탈해왕」.) "丁巳立理二十三年, 王崩, 水葬末疏井丘中, 塑骨安東岳, 今東岳大王".(『삼국유사』, 1권, 왕력, 「제4탈해이사금」.) 토함산은 옛날부터 신성하게 여겨 왔으나 신라가 부족 연맹 국가로서 발전하는 시기에 석탈해(昔脫解)와 결부되어 특정한 역사적인 의미를 가지게 되었다. 그리하여 토함산은 통일 후에도 오악의 하나인 동악으로서 숭배되었고, 또한 불국사와 석굴암이 조영되기도 하였다.(이기백, 「신라 오악의 성립과 그 의의」, 『진단학보』, 제33호, 1972)

는 산의 신이 국가의 수호신 역할을 하고 있었다. 그 예로서 북악의 신이 왕 앞에 나타나 신라의 멸망을 예언했다고 하는 기록이 보인다.[18] 또 삼산, 오악 및 명산대천에 대해서 중국 고대의 사전(祀典)을 모방한 대사(大祀), 중사(中祀), 소사(小祀)의 제도가 있었으며 국가적인 제사가 행해지고 있었다. 그 근원은 옛날부터 촌락 공동체 단위에서 신앙되던 산의 신이 국가적인 규모로 확대 개편된 것으로 보기도 한다.[19]

또한 다음과 같은 기록을 보면 신라에서는 특별한 장소가 신성시되고 있음을 알 수 있다.

실성왕(室聖王) 12년(413) 가을 8월, 낭산에 구름이 일어나 이것은 마치 누각과 같고 향기로운 기운이 더욱 성하고 오래도록 없어지지 않으니, 왕이 말하길 이것은 반드시 선령(仙靈)이 내려와 노는 것이니 틀림없이 이는 마땅히 복지(福地)가 될 만하다. 이후에 사람이 수목을 베는 것을 금한다.[20]

신라에 네 곳의 영지가 있으니 장차 대사를 의논할 때에 대신은 반드시 그곳에서 만나 그것을 모의해야 하며 그 일은 반드시 이루어질 것이다. 하나는 동의 청송산(靑松山), 둘은 남의 교지산(亐知山), 셋은 서의 피전(皮田), 넷은 북의 금강산이다. 이 왕 때에 비로소 정월 초하루의 조례를 행

18 『삼국유사』, 2권, 제2 기이, 「처용랑 망해사」.

19 김철준 · 최병헌, 『사료로 본 한국문화사』 - 고대편, 일지사, 1986, p.121.

20 『삼국사기』, 3권, 「실성왕 12년」.

했고 또 시랑(侍郎)이라는 칭호도 이
때에 처음으로 쓰기 시작했다.[21]

이러한 영산(靈山)이나 영지(靈地)의
영향이 강한 신라에 불교가 어떻게 뿌
리를 내릴 수 있었는가는 매우 흥미로
운 일이다. 삼국 중에서 특히 신라는
불교를 수용하는 데 있어 왕실 측과 귀
족 측의 갈등이 격심했다.[22] 당시 신라
인이 신성하게 여긴 땅은 토착 신앙이
강했던 곳으로 외래 신흥 종교인 불교
가 뿌리를 내리기는 어려웠을 것이다.

도2 백률사 석당기, 통일신라 818년, 경주 백률사, 높이
104cm 각 면의 너비 29cm, 국립경주박물관 소장

그럼에도 불구하고 불교가 이러한 신라의 토착 성지에 불교 사원을 창
건한 것은 불교가 토착 신앙과 융합되고 있음을 의미한다.

그 융합을 도모할 수 있었던 것은 '불연국토설(佛緣國土說)'이다. 이 설
을 간략히 살펴보면, 신라라는 나라는 석가 이전의 전불(前佛)과 깊은 인
연이 있는 땅이다. 그리하여 신라에서 예부터 신성하게 여겨 왔던 장소
는 바로 석가 이전의 부처와 인연이 있는 땅이기 때문에 불교 사원을 창
건할 수 있다는 것이다.

『삼국유사』에는 불연국토설에 근거한 사원 창건에 관해서 다음과 같

21 『삼국유사』, 1권, 제1 기이, 「진덕왕」; 『삼국사기』, 32권, 「제사」.

22 신라의 불교 전래는 제19대 눌지왕(訥祇王) 때 묵호자가 처음으로 들여왔고, 그 후 아도(阿道)가
들여왔으나 공인되지 못하고 정방(正方)과 멸구자(滅垢疵)가 살해되고 말았다. 제23대 법흥왕
때 아도가 오고 이때 박염촉(朴厭觸), 즉 이차돈의 순교에 의해 비로소 공인되었다.도2

29

은 기록들이 보인다.

　그 후 3천여 달이 지나면 계림(鷄林)에서 성왕이 나서 불교를 크게 일으킬 것이다. 그 나라 서울 안에 일곱 곳의 가람 터가 있으니, 하나는 금교(金橋) 동쪽의 천경림(天鏡林, 지금의 흥륜사이다. 금교는 서천교로서 속으로는 솔 다리이다. 절은 아도 화상이 처음 그 터를 잡았는데 중간에 폐지되었다가 법흥왕 정미(527년)에 이르러 공사를 시작하여 을유에 크게 열고 진흥왕 때에 이루어졌다)이요, 둘은 삼천(三川)의 갈래(지금의 영흥사로 흥륜사와 같은 시기에 세워졌다)요, 셋은 용궁의 남쪽(지금의 황룡사로 진흥왕 계유에 처음 공사를 시작했다)이요, 넷은 용궁의 북쪽(지금의 분황사로 선덕왕 갑오에 처음 공사를 시작했다)이요, 다섯은 사천(沙川)의 끝(지금의 영묘사로 선덕왕 을미에 처음 공사를 시작했다)이요, 여섯은 신유림(神遊林, 지금의 천왕사로 문무왕 기유에 공사를 시작했다)이요, 일곱은 서청전(婿請田, 지금의 담엄사이다)이다. 모두 전불(前佛) 때의 가람 터로 불법이 길이 전해질 땅이다.[23]

　신라 월성의 동쪽, 용궁의 남쪽에 가섭불(迦葉佛)의 연좌석(宴坐石)이 있으니 이 땅은 바로 석가 이전의 부처 때의 가람 터이다. 지금은 황룡사의 땅으로, 즉 일곱 가람 중의 하나이다. … 연좌석은 불전 뒤에 있으며 일찍이 한 번 본 적이 있다. 돌의 높이는 가히 5, 6척이 되며 둘레는 겨우 3주(三肘)이다. 당을 세워 윗면이 평평하다. 진흥왕이 절을 세운 이후로 두 번에 걸친 화재로 돌에 갈라진 곳이 있다. 절의 승려가 쇠를 붙여

---

23 『삼국유사』, 3권, 제3 흥법, 「阿道基羅」.

도3 황룡사 장육존상 대좌, 신라, 경주 황룡사지 금당터

보호하였다.[24]**도3**

후에 대덕 자장(慈藏)이 중국으로 유학하여 오대산에 이르니 문수보살
이 현신해서 감응하여 비결을 주면서 그에게 위촉하여 이르기를, 너희
나라 황룡사는 바로 석가와 가섭불이 강연하던 곳으로 연좌석이 아직
도 있다. 그런 까닭에 천축(天竺)의 무우왕(無憂王)이 황금과 철 약간을 모
아 바다로 보낸 지 1,300여 년이 지났다. 그런 연후에 이제 너희 나라에

---

24 『삼국유사』, 3권, 제4 탑상(塔像), 「迦葉佛宴坐石」.

이르러 불상으로 만들어져 그 절에 안치되었으니 대개 위덕(威德)의 인연이 그러한 것이다.[25]

이처럼 신라의 중요한 사원은 석가 이전부터 부처와의 인연이 있다는 논리로 대개 평지에 있는 재래의 신성한 지역에 세워지고 있음을 알 수 있다.[26] 또 산악은 신선이나 산의 신이 상주하는 곳에서 불보살이 상주하는 곳으로 변해 가면서 불교의 성역화가 넓어지고 있다.[27]

또한 기존의 재래 신앙이 불교 속에 융합되고 더 나아가 이것이 불교 미술에 있어 한국의 민족적 양식의 원천으로 생각할 수 있는 대표적인 것이 바로 돌에 대한 관념이다. 이것은 앞에서 서술했던 산악이나 신선에 대한 신앙과도 매우 깊은 관계를 가지고 있는 것은 당연하다. 한편 우리나라는 다른 나라에 비해 돌로 조성된 불상이 특히 많다. 그리고 돌은 불상 이외에도 많은 역할을 하였으며 사람들에게 신앙되어 왔다.

즉 특정한 돌에 대해 영험성을 부여하고 이러한 돌에 마을의 안녕과 번영을 기원하였으며, 무교의 종교 행위나 의례의 대상으로 삼기도 했다. 또 신령스럽게 여기는 돌을 마을까지 운반해 와서 경계나 성역을 표시하는 당산석(堂山石)으로 삼기도 했다. 풍수지리적으로 취약한 산이나 땅의 음양의 기운을 막기 위한 돌도 있으며, 사원의 창건과 관련된 전승이 있는 돌도 있다. 그리고 특이한 모양의 바위에 개인의 길흉화복을 빌

---

25 『삼국유사』, 3권, 제4 탑상, 「皇龍寺丈六」.

26 "天壽六年(565), 陳使劉思並僧明觀, 奉內經並次, 寺寺星張, 塔塔鴈行".(『삼국유사』, 3권, 제3 흥법, 「原宗興法厭髑滅身」.) 이와 같이 6세기 중엽 이미 경주에는 많은 사원이 건립되고 있었다.

27 문수보살이 머물고 계신 오대산, 관음보살이 머물고 계신 낙산, 법기보살이 머물고 계신 금강산 등이 대표적이다.(김철준·최병헌, 앞의 책, p.170)

도5 인왕산 선바위 뒷면, 서울 종로구 무악동

거나,[28] **도4·5** 성혈을 내거나 또는 바위 면에 이름을 적는 사례도 있다.

　이와 같은 영석(靈石)에 대한 관념은 석불에도 그대로 옮겨져 외래 종교였던 불교가 토착화할 수 있는 매개체가 되었다. 따라서 다음 장에서는 삼국과 통일신라의 불교 조각 중 조소적(彫塑的) 흐름 속에서의 한국적인 불상 양식을 모색해 보고, 나아가 마애불을 중심으로 영석과 관련된 작례들을 상세히 살펴보고자 한다.

28　선바위는 인왕산의 국사당 바로 위쪽에 위치하고 있다. 바위 뒤로 장군 바위와 부처 바위가 있으며 성곽이 보인다. 선바위는 두 바위가 등을 대고 있는 것처럼 보이고 승려가 고깔을 쓰고 있는 모습으로 보여 선바위라 불렀다. 예부터 이 바위에는 아이가 없는 사람이 치성을 드리면 효험이 있다 하여 사람들의 발길이 끊이지 않았다. 주변의 바위가 흰색을 띤 화강암이 많지만 이 바위만은 검은색이다. 바위에는 촛불 때문에 생긴 것으로 보이는 구멍이 많다. 이 때문에 바위의 모양은 더욱 기괴하고 범접할 수 없는 분위기를 풍기고 있다. 바위 바로 밑에 국사당이 있으며 남산을 마주보고 있다.

2
삼국과
통일신라시대의
불교 조각

도1 금동 반가사유상, 삼국 7세기 전반,
높이 93.5㎝, 국보 83호, 국립중앙박물관
소장

1
삼국시대의 불교 조각

앞 장에서 말한 것처럼 삼국에 불교가 전래된 것은 고구려는 소수림왕 2년(372), 백제는 침류왕 1년(384), 신라는 법흥왕 14년(527) 때이다.

고구려는 불교 전래 2년 후인 374년에 성문사(省門寺)와 이불란사(伊弗蘭寺)가 창건되었다. 393년(광개토왕3)에는 평양에 9개의 사원이 세워지고, 평양 천도 이후 497년에 금강사(淸巖里寺址를 말함)를 창건했다. 백제는 불교 전래 다음 해인 385년에 한산(漢山)에 사원을 창건했다. 538년 부여 천도 이후, 왕흥사(王興寺), 정림사(定林寺), 금강사(金剛寺) 등을 창건하고 7세기 초에는 익산에 미륵사(彌勒寺)를 창건했다. 신라는 6세기 중엽에는 흥륜사와 황룡사와 같은 대가람을 창건했다.

이러한 사원의 창건과 더불어 불상의 조성도 활발했을 것이다. 불교 전래 초기에는 주로 중국에서 전래된 작은 불상들을 모델로 하여 제작되었을 가능성이 높다. 그러나 그 당시 사원의 본존불로 안치되었을 것

으로 여겨지는 크기의 상들은 남아 있지 않다. 현존하고 있는 가장 오래
된 불상은 고구려와 백제에서 6세기에 조성된 개인의 염지불(念持佛)로
여겨지는 작은 금동불 몇 점이 보일 뿐이다.

고구려의 예로는 경남 의령(宜寧)에서 출토된 금동 연가 7년명 여래
입상[539년 추정, 높이 17㎝, 국립중앙박물관 소장]이 있고, 백제의 예로는 부여 군
수리(軍守里)에서 출토된 납석(蠟石)으로 만든 여래 좌상[6세기, 높이 13.5㎝, 국
립중앙박물관 소장]이 있다. 또 백제의 불상으로는 6세기 말부터 7세기 초에
조성된 태안 마애불과 서산 마애불이 있고, 7세기 중엽에 조성된 것으로
여겨지는 정읍에서 출토된 석조 여래 입상 2구가 있다. 신라도 경주의
남산을 중심으로 석불이 조성되었으며, 대표적인 것으로는 삼화령(三花
嶺) 석조 삼존상, 인왕동(仁旺洞) 석조 여래 좌상, 배동 석조 삼존상 등이 있
다. 이 시기에는 삼국 모두 반가사유상이 조성되었다.

이처럼 삼국시대에 불상의 조성이 활발했지만 삼국 불상의 양식은
당시 중국의 양식 변화와 대단히 밀접한 관계를 가지면서 만들어졌다.
즉 중국의 북위(北魏), 동위(東魏), 북제(北齊), 수(隋) 등의 여러 양식을 계속
적으로 수용하고 있었다. 한편 기존의 여러 연구에서도 지적되고 있지만
삼국은 이른바 얼굴 생김에서 보이는 것처럼 중국풍의 불상과는 미묘하
게 달라 삼국 고유의 이미지를 나타내고 있다고 여겨진다.[1]

그러나 불교 전래 이후 약 백 년 사이에 조성된 것으로 여겨지는 불
상이 거의 남아 있지 않아 삼국 초기의 불상 양식에 관한 연구는 지금 단
계에서는 매우 어려운 상황이다. 또 6세기 이후의 작례도 다양한 경로를

---

1 김원룡, 『한국불교조각사연구』, 일지사, 1994, p.115; 강우방, 「石窟庵完成までの古代佛教彫刻」,
   『世界美術大全集』- 東洋篇10 高句麗 · 百濟 · 新羅 · 高麗, 小学館, 1998, pp.166~168.

도2 서산 마애 삼존 우협시 보살 입상 얼굴 부분, 전체 높이 170㎝, 서산 운산면 용현리

통하여 삼국 각각에 유입되었기 때문에 이를 통해서 당시의 중국 자체의 양식 구별도 어렵다. 그러므로 삼국시대 불상의 전체적인 모습을 파악하기 위해서는 보다 폭넓은 시야를 가지고 치밀한 연구가 요구되기에 이에 관한 전반적인 연구는 다음 과제로 남겨 두고자 한다.

다만 여기서는 삼국시대의 불상 중에서 삼국적인 특징을 가진 얼굴 생김으로 인정할 수 있는 몇 개의 작례를 선택해 간략하게 서술해 보고자 한다. 그 예는 다음과 같다.

국보 78호 금동 반가사유상(높이 83cm)

국보 83호 금동 반가사유상(높이 93cm)

서산 마애 삼존 중 우협시 보살 입상(높이 170cm)

평양 평천리 출토로 전해진 금동 반가사유상(높이 17.5cm)

방형 대좌 금동 반가사유상(높이 28.5cm)

서울 삼양동 출토 금동 관음보살 입상(높이 20.3cm)

위에서 열거한 상들의 얼굴 생김의 표현에서 공통점을 살펴보면, 먼저 양 뺨이 부풀어 올라 얼굴 전체에 볼륨이 있는 것과 생기 넘치는 표정이다.

또 반가사유상은 그 자세 때문에 생기는 명상의 조용한 분위기가 상전체에 흐르고 있음을 느낄 수 있다. 특히 국보 83호 금동 반가사유상의 경우는 양 눈썹에서 코끝까지 흐르는 선이 가늘어 얼굴 전체의 특징을 한데 모으고 있다. 반쯤 뜬 눈과 입술의 미소는 명상 중의 환희를 조용하게 표현하고 있으며 예배하는 사람에게 편안한 분위기를 안겨 준다.도1

도3 방형 대좌 금동 반가사유상, 삼국 7세기 전반,
높이 28.5cm, 보물 331호, 국립중앙박물관 소장

한편 반가사유상이 미소를 눈과 입술에서 나타내고 있다면 서산 마애 삼존상의 오른쪽 협시 봉주 보살상은 반쯤 뜨고 있는 양 눈의 사이와 코 그리고 입술 주위가 살짝 들어가 얼굴 전체가 미소로 넘쳐 나고 있는 표정은 자연스럽고 귀엽게 느껴진다.52 평양 평천리(平川里) 출토로 전해진 금동 반가사유상의 얼굴은 방형에 가까우며 매우 온화한 표정이다. 몸의 전체적인 비례도 좋다. 그리고 방형 대좌 금동 반가사유상의 경우는 비사실적인 몸체 표현이다. 특히 긴 상반신과 두 팔이 특이하다. 얼굴 표현도 다른 상들과는 달리 미소는 보이지 않고 심각한 표정이지만, 얼굴 생김은 둥그스름하다.53

마지막으로 서울 삼양동 출토 금동 관음보살 입상은 전체적으로 얼굴이 작고 둥글둥글한 인상이다. 눈썹은 활처럼 길게 굽어 있으며 융기선으로 나타내고 있다. 눈은 살짝 감고 있으나 눈을 덮고 있는 눈꺼풀이 매우 크고 두텁다. 작은 얼굴 크기에 비해 눈썹, 눈꺼풀, 코 등은 큰 편이다. 이에 비해 입술은 작은 편이며 특히 입술 양끝과 입 주위가 들어가 입 주변에서부터 미소가 번져가고 있다. 입술이 웃으면서 양 볼 쪽으로 번져가 볼이 더욱 통통하게 보이며, 이로 인해 반쯤 감은 눈마저도 웃고 있는 것처럼 보인다. 비록 두 손과 오른손의 지물 그리고 두 발이 크게 표현되어 전체적인 비례는 맞지 않지만 얼굴 생김만 본다면 매우 안정감 있고 귀여운 느낌이다.

2
통일신라시대의 불교 조각

신라에 의해 삼국이 통일된 시기는 680년 전후이다. 통일신라의 시대 구분은 일반적으로 7세기 후반부터 9세기까지를 전기, 9세기 이후를 후기로 설정하고 있다. 전기는 통일 후 사회적인 안정과 중국과의 활발한 교류가 이루어지던 시기로 불교 조각에서도 석굴암의 상들을 비롯하여 뛰어난 작품들이 가장 왕성하게 조성되었다. 한편 후기는 정치와 사회적인 불안과 더불어 조각에서도 전기와 비교해 창작력이 다소 떨어지며 도식화되는 경향을 보이기 시작했다.[2]

---

2 통일신라에 있어 불교 미술의 시대 구분에 대한 설을 정리해 보면 다음과 같다. 강우방은 제1기를 680~830년경의 약 150년간(660~676년의 16년간 공백기), 제2기를 830~980년의 약 150년간(889년 농민 반란, 889년 후백제 건립, 889~935년까지 공백기)으로 보고 특히 830년을 미술사의 시대적인 전환점으로 보고 있다. 황수영은 제1기를 통일 직후 700년경까지, 제2기를 700~800년까지, 제3기를 800년경에서 918년까지 구분하고 있다. 문명대의 경우는 중대 신라와 하대 신라로 양분한다. 그리고 중대 신라에서 제1기를 650~700년, 제2기를 700~775년까지로 구분하며, 하대 신라는 제1기를 776~850년, 제2기를 850~900년까지 구분하고 있다. 김리나는 불교 미술의 시대를 연대로 구분하는 것은 어렵고 조각 양식의 변화 속에서 구하고 있다. 통일신라를 세 시기, 즉 전통 양식의 계승기, 당 양식 유입기, 통일신라 미술의 토착기 등으로 구분하고 있다.

통일신라의 문화는 고구려와 백제의 양식을 흡수하고, 인도나 당나라의 외래 요소의 유입과 더불어 독자적인 영역을 구축하던 시기였다. 불교 미술에서는 삼국시대의 불상에서 정신성을 강조하여 머리 부분과 수인을 크게 하던 불신(佛身)의 비사실적인 표현에서 탈피하여 균형과 조화의 측면이 강조된 조형성이 뛰어난 작품들이 많이 조성되었다.

따라서 통일신라의 불상을 고찰함에 있어서 다음과 같이 분류하고 그 대표작들을 살펴보고자 한다.[3]

(1) 삼국, 특히 백제의 전통이 엿보이는 작례
(2) 인도풍이 엿보이는 작례
(3) 당풍(唐風)이 엿보이는 작례
(4) 석굴암 본존과 그 영향이 보이는 작례

(1) 삼국, 특히 백제의 전통이 엿보이는 작례

백제에서 불상이나 그에 관련된 공예품을 만들던 사람들은 백제의 멸망과 더불어 백제 지역에서 전통을 겨우 이어가거나, 또는 당시의 수도인 경주로 옮겨가 활약했을 것이다. 한편 백제의 옛 영토였던 충남 연

---

3 통일신라 불상의 양식이란 신라의 전통적인 양식과 외래의 양식적 여러 요소가 포함되어 복합적으로 형성된 것을 말한다. 예를 들어 '백제풍'이라 말하는 것은, 백제 불상의 양식이 중국 남조의 양식을 원류로 하고 있음에도 불구하고 백제 불상의 전체적 특징으로서의 작풍을 의미한다. 따라서 위의 분류는 통일신라 불상 양식의 직접적 원천으로서의 백제, 인도, 당나라 등의 양식을 언급하기 위해서가 아니라, 이미 통일신라 불상으로 양식화된 백제, 인도, 당의 작품을 엿보기 위해서이다. 이러한 고찰은 외래 양식이 어떻게 민족화 내지 지역화 되어 하나의 새로운 양식을 창출하고 있는가를 연구하는 가장 첫 번째 작업의 하나로서 그 의미를 가진다.

기(燕岐) 지역에서 발견된 일련의 불비상(佛碑像)은 통일신라시대에 백제의 전통이 엿보이는 대표적인 작품이다.

그중에서 계유명(癸酉銘) 전씨(全氏) 아미타 삼존 비상(碑像)의 경우는 정면에 아미타불을 중심으로 보살상과 아라한상(阿羅漢像)이 좌우에 배치되어 있고, 측면에는 공양자상(供養者像)과 주악천인상(奏樂天人像)이 표현되어 있다. 비(碑) 전체를 얇은 부조와 음각으로 섬세하게 나타내고 있다. 본존이나 협시 상들의 얼굴은 마모가 심하여 그 구체적인 표정에 대해서는 알 수 없으나, 전체적인 상의 표현이나 선에서 보면 자연스런 흐름이 느껴진다.도4

이러한 선의 부드러움은 신라의 딱딱한 선의 처리를 예를 들면, 7세기에 조성된 배동 석조 삼존상과는 다르다. 반면 통일신라 때 조성된 경주 남산 탑곡(塔谷) 사방불의 동쪽 면 불상, 보살상, 비천상(8세기 중엽) 등의 표현, 경주 남산 삼릉곡(三陵谷) 선각 삼존상(8세기 후반)에서 보이는 부드러운 선 처리에서 백제의 영향이 엿보인다.

(2) 인도풍이 엿보이는 작례

신라에는 일찍이 7세기 초, 진평왕 27년인 605년에 북천축(北天竺) 조이국(烏萇國, Udyana)의 사문인 비마라진제(毘摩羅眞諦)와 농가타(濃伽陀)가 왔다. 그리고 진평왕 47년인 625년에 신라의 안홍(安弘) 법사가 당에서 23인의 인도승과 2인의 중국 승려를 동반하고 돌아왔다.[4] 그중에서 불타승

---

4 『삼국사기』 4권, 제4, 『신라본기』.

도4 계유명 전씨 아미타 삼존 비상, 통일신라 673년, 높이 40.3㎝, 국보 106호, 국립청주박물관 소장

가(佛陀僧伽)는 마두라국(摩豆羅國, Mathura)의 승려라고 전한다.

이로 미루어 보아 신라는 당나라 초기의 문화와 더불어 일찍부터 마투라와 굽타의 인도 문화와 접하고 있었음을 알 수 있다. 즉 8세기에 들어오면 신라에서는 차츰 성당(盛唐) 양식이 수용되었으나 그것과 함께 당에 미쳤던 인도 굽타 양식의 영향, 또는 인도에서의 직접적인 영향도 있었다고 여겨진다.도5 통일신라의 작례 중에서 신체의 비례가 조화를 이루고 특히 옷 주름 선이 얇아져 몸에 밀착해 신체의 볼륨이 잘 드러나고 있는 불상들이 많이 보인다. 대표작과 그 양식적 특징을 간략하게 서술하면 다음과 같다.

감산사 석조 아미타여래 입상 ｜ 도6

이 상은 광배 뒷면에 719년에 조성되었다는 명문이 새겨져 있으며 높이는 174cm이다. 통인(通印)으로 신체에 법의가 밀착되어 있어 신체의 선이 눈에 띄고 평행하는 U자형 옷 주름에 의해 신체의 상부와 양 다리의 양감이 강조되어 있다.

감산사 석조 미륵보살 입상

앞의 아미타상과 같이 719년에 조성되었으며 상 높이는 183cm이다. 삼굴(三屈) 자세를 취하고 있으며, 화려한 장식과 군의(裙衣)를 입고 있다. 치마가 양 다리에 밀착되어 다리의 윤곽이 잘 나타나 있다.

경주 남산 칠불암 마애 삼존상 ｜ 도7·8

본존상의 높이는 266cm이다. 본존은 넓은 어깨에 약간 팔꿈치를 벌리

도5 여래 입상, 인도 굽타 5세기 중엽, 마투라 출토, 높이 220㎝, 인도 마투라 박물관 소장

도6 감산사 석조 아미타여래 입상, 통일신라 719년, 높이 174cm, 국보 82호, 국립중앙박물관 소장

도7 칠불암 마애 삼존불, 통일신라, 본존 높이 266㎝, 국보 312호, 경주 남산

도8 칠불암 마애 삼존 좌협시 보살 입상, 통일신라, 높이 211㎝, 경주 남산

도9 굴불사지 사면석불 남면 여래 입상과 보살 입상, 통일신라, 높이 여래상 136㎝ 보살상 145㎝, 보물 121호, 경주 동천동

도10 금광사지 출토 석조 여래 입상, 통일신라, 현재 높이 201cm, 국립경주박물관 소장

고 그리고 두 다리를 확실히 맺어 결가부좌를 하고 있어 당당함이 느껴진다. 한편 양 협시 보살상도 삼굴의 자세를 취하고 있으며 천의나 치마의 옷 주름도 자연스럽다.

경주 굴불사지 사면석불 중 남면 여래 입상과 보살 입상, 북면 보살 입상 ㅣ 도9

남면의 상들은 얇은 옷이 몸에 밀착해 이것을 통해서 풍부한 육신의 볼륨이 두드러져 보인다. 북면의 보살상(높이 161㎝)은 마모가 심해 얼굴은 자세히 보이지 않지만 전신에 얇게 밀착해 있는 옷에서 인도풍이 느껴진다.

사암제(砂岩製) 여래 입상

상의 높이는 174㎝이며, 이국적인 얼굴 모습이 눈에 띈다. 통견으로 감싼 법의가 몸에 밀착해 있어 흉부와 대퇴부의 양감이 잘 나타나 있다.

괘릉(掛陵) 석인상

서역 호인상(胡人像)의 얼굴 모습을 하고 있으며 수염, 근육, 옷 등의 사생적인 표현에서 인도풍이 느껴진다.

금광사지(金光寺址) 출토 석조 여래 입상 ㅣ 도10

현재 높이는 201㎝이며 하반신이 결여되어 있다. 통견의 옷 주름이 몸에 밀착하여 아래쪽으로 파도처럼 늘어져 있다.

위와 같은 표현은 5세기부터 시작한 인도 굽타 양식에서 그 연원을 찾을 수 있다. 중국의 경우, 인도 굽타의 영향을 받아 신체는 풍만해지고 옷 주름이 사실적으로 표현되고 있다. 한편으로 얼굴 표현은 중국인의 모습을 띠고 있다. 그 대표적인 작례로는 주로 8세기 전반에 조성된 천룡산(天龍山) 석굴의 불상들을 들 수 있다.

그 작풍과 비교해서 여기서 살펴본 통일신라의 인도풍의 불상들은 옷 주름이 간결하다. 그리고 전체적으로 비만하지 않고 긴장된 느낌을 준다. 또 신라의 작례와 비교해도 얼굴의 표정은 확연히 다른 이미지이며 그리고 조화와 균형미를 중시하고 특히 양 어깨와 팔꿈치를 확실히 표현하고 있는 것이 인상적이다.

(3) 당풍(唐風)이 엿보이는 작례

통일신라는 당과의 교류가 활발하여 사회 전반에 걸쳐 당 문화의 영향이 대단히 컸다. 특히 불교에 있어서는 구법(求法) 유학승의 왕래가 빈번하였다.[5]

이러한 배경 속에서 통일신라 불상도 당의 작풍에 영향을 받아 불상의 신체가 풍만해지고 옷 주름의 표현도 복잡하게 변한다. 보살상의 경우는 몸에 걸치는 장식과 천의(天衣)가 화려하게 표현되고 있다. 통일신라의 경우, 8세기 후반에 많은 금동상의 조성이 보이는데 이들에서 성당(盛唐) 양식의 영향을 살필 수 있다. 그러나 여기서는 그 대표작으로 여겨지는 다음과 같은 작례들을 살펴보고자 한다.

---

5 표1 입중국유학승 참조.

먼저 안압지(雁鴨池) 출토 금동 삼존상은 680년에 제작된 것으로 추정되며, 전체 높이는 27㎝이며 본존은 16.5㎝이다. 특히 삼존상은 화려한 연꽃 대좌와 광배를 갖추고 있다. 본존의 얼굴 표현을 보면, 풍만한 얼굴을 하고 있으며 눈, 코, 입 등의 세부 조각이 예리하다. 양 보살상은 본존 쪽으로 기울어진 삼굴 자세를 취하고 있으며, 얼굴 표정이나 자세 또한 자연스럽다.

다음으로 황복사지(皇福寺址) 석탑 발견 금제(金製) 여래 좌상은 706년에 조성되었으며 전체 높이가 12.1㎝밖에 되지 않는 작은 상이다.도11 그러나 법의의 표현이나 옷 주름이 대좌까지 흘러내리는 상현좌(裳懸座) 그리고 둥그스름하게 보이는 얼굴과 신체 표현에서 성당(盛唐) 양식을 충실하게 반영하고 있음을 알 수 있다. 작은 상임에도 불구하고 균정미가 잘 잡혀 있어 통일신라 불상 중에서 걸작으로 꼽을 수 있다.

그리고 금동 약사여래 입상의 경우는 얼굴이 매우 크고 볼록하여 통통한 느낌을 준다. 옷 주름이 사실적으로 표현되어 있다.도12 부산시립박물관에 소장되어 있는 금동 보살 입상은 높이가 34㎝이며 천의를 복잡하게 표현하고 있는 것이 눈에 띈다.도13 신체의 비례와 양감도 좋다. 통일신라 보살상 중에서도 수작으로 꼽을 수 있다.

마지막으로 경주 남산 신선암(神仙庵)의 관음보살 좌상을 들 수 있다. 상의 높이는 153㎝로 바위에 새겨진 부조상이다. 화려한 장식, 복잡한 천의의 표현, 비만으로도 보이는 얼굴 생김과 신체 부분의 표현 등에서 당나라 전성기의 영향이 보인다.도14

이와 같은 당풍의 작례는 인도풍과 더불어 통일신라의 불교 조각에

도11 황복사지 삼층 석탑 출토 금제 여래 좌상, 통일신라 706년, 높이 12.1㎝, 국보 79호, 국립중앙박물관 소장

도12 금동 약사여래 입상, 통일신라, 높이 29cm, 보물 328호, 국립중앙박물관 소장

도13 금동 보살 입상, 통일신라, 높이 34cm, 국보 200호, 부산시립박물관 소장

강한 영향력을 미쳤다고 여겨진다. 당나라 불상이 전체적으로 비만하게 보이고 나아가 천의의 움직임이나 장식이 복잡해지는 경향을 보이고 있다. 그러나 통일신라 불상의 경우는 얼굴 생김새에서 다른 불상들에 비해 비만으로도 여겨질 수 있지만 전체적으로는 보기 좋을 정도의 긴장감이 느껴지며 온화한 미소를 띠고 있는 것이 특징이다.

(4) 석굴암 본존과 그 영향이 보이는 작례

석굴암은 인도나 중국 석굴처럼 자연 암석을 파내고 그 바위 면에 불상과 보살상을 새긴 것이 아니라 화강암을 잘라내 환조상(丸彫像), 부조상(浮彫像)을 깎아서 만든 인공 석굴이다.[6] 석굴암에 관한 기록으로는 『삼국유사』 5권, 「대성효이세부모(大城孝二世父母)」에 "신라의 재상인 김대성(金大城)이 현생의 부모를 위해 불국사를 창건하고 전세의 부모를 위해 석불사를 창건하여 신림(神琳)과 표훈(表訓) 두 대사를 청해 주석케 했다."라고 적고 있다.

여기서는 석굴암 본존에서 나타나는 대표적인 양식적 특징을 간략

---

6 석굴암의 구조는 평면 원형인 내진(內陣)과 평면 장방형인 외진(外陣)으로 나누어져 있고 통로로 이어져 있다. 내진에는 중앙에 본존이 안치되어 있고, 그 주위 벽에는 좌우 입구부터 열거해 범천, 제석천, 문수, 보현 및 아난과 가섭을 비롯한 10대 제자가 모두 측면 모습으로 배치되어 있다. 또 본존의 배후에는 정면을 바라보고 있는 십일면관음상이 다른 상에 비해 약간 고부조로 새겨져 있다. 주벽 상부의 장압석(長押石) 위에는 본존을 중심으로 해서 좌우에 5개씩 모두 10개의 반구형의 소감(小龕)이 만들어졌고 현재는 그 안에 각각 소상 8구가 안치되어 있다. 통로 입구 좌우에는 고부조의 아형(阿形), 우형(吽形)의 두 인왕상이 서 있다. 통로의 좌우에 사천왕상이 배치되어 있다. 그리고 외진에는 팔부중상이 있다. 내·외진의 조각은 전부 40구였으나 현재 38구만이 남아 있다. 석굴암의 조각들은 8세기 중엽 통일신라 조각 기술의 정점을 보이고 있으며, 이후 한국의 불상 조각에 강한 영향을 미치고 있음은 널리 알려진 사실이다.

하게 서술한 후, 석굴암 본존 이후에 조성된 다른 작례 속에서 그 영향이 남아 있는 것들을 살펴보고 싶다. 먼저 석굴암 본존[전체 높이 508㎝, 상 높이 345㎝, 751~775년경 조성]의 형식은 나발로 육계가 있으며 편단우견(偏袒右肩), 항마촉지인(降魔觸地印), 연화 대좌 등을 갖추고 있다.도15

작풍에 관해서는 기본적으로 인도 굽타 양식을 따르면서도 통일신라의 독자적 양식도 많이 보이고 있다. 즉 석굴암 본존에 있어 인도풍으로 여겨지는 양식적 특징은 몸에 밀착된 얇고 간결한 법의, 팔꿈치를 벌리고 확실하게 맺고 있는 결가부좌를 들 수 있다. 일반적으로 인도 작풍의 얼굴 생김은 원형에 가깝고 여성적인 부드러움을 띠고 있다. 그에 비해 당나라 작풍의 얼굴 생김은 원형이면서도 양 뺨의 부풀림이 크게 강조되어 개성이 강하게 느껴진다.도16

한편 석굴암 본존의 얼굴 생김은 타원형에 가까워, 인도의 작풍보다는 남성적인 이미지가 강하고 당의 작풍보다는 원만한 면모가 특징이다. 나아가 얼굴 전체에 위엄이 가득하다. 이것은 예리한 눈썹과 눈초리의 표현에 따른 이미지 때문이다. 특히 눈썹에 활처럼 약간의 각도를 넣고 있는 것은 인도와 당의 작풍의 둥근 눈썹과 눈초리와는 다른 표현으로 볼 수 있다.

석굴암 본존 이후에 조성된 불상 중에서 위와 같은 양식의 영향이 남아 있다고 여겨지는 작품들을 나열해 보면 다음과 같다.

경주 남산 약수곡(藥水谷) 석조 여래 좌상

상의 머리 부분은 결실되었고 편단우견과 항마촉지인을 맺고 있다. 몸체 부분의 표현을 보면 몸이 약간 살찐 듯하며 무릎 폭이 좁은 느낌이

도15 석굴암 본존불, 통일신라, 전체 높이 508㎝, 경주 토함산

도16 여래 좌상, 당, 천룡산 석굴, 미국 하버드 대학교 박물관 소장

있지만 양 다리를 확실히 맺고 있다.

경주 남산 미륵곡(彌勒谷) 석조 여래 좌상 ｜ 도17

상은 나발이며 육계가 있다. 통견(通肩)으로 항마촉지인을 맺고 있으며 팔각 연화 대좌를 갖추고 있다.

머리 부분은 큰 편이고 그에 비해서 신체 부분이 빈약하다. 양 뺨이 통통하지만 비만한 느낌은 들지 않는다. 입술 주변에 미소를 띠고 있다. 귀는 얼굴에 바짝 붙어 나타내고 있으나 귓불이 굉장히 크다. 양 손은 작다. 결가부좌를 맺고 있으나 무릎 폭도 좁고 무릎 높이도 낮다. 옷 주름이 촘촘하여 번잡하다. 그러나 눈썹, 눈초리, 높은 콧대 등에서 석굴암 본존의 영향을 많이 받았음을 알 수 있다.

거창 양평동(陽平洞) 석조 여래 입상

상은 나발이며 육계의 표현은 거의 없으며 통견을 하고 있다. 신체의 각 비례가 잘 잡혀 있으며, 특히 다리가 날씬하게 빠져 있다. 얇은 옷 주름은 몸에 밀착되어 허리의 잘록함과 양다리의 윤곽을 잘 나타내고 있다. 옷 주름의 조각 날은 얇지만 간결한 느낌이다. 전체적인 비례나 옷 주름의 표현에서는 석굴암의 제석천을 옮긴 것 같다. 또 얼굴에서는 눈매와 입술의 표현에서 예리한 긴장감이 보여 석굴암 본존의 분위기가 풍기는 인상적인 상이다.

경북 금릉 수도암(修道庵) 석조 비로자나불 좌상

상의 높이는 251cm이며 8세기 후반에 조성된 것으로 보인다. 상은 소

도17 미륵곡 석조 여래 좌상, 통일신라 8세기 후반, 높이 244cm, 경주 남산

발이며 육계가 있으며 통견으로 지권인(智拳印)을 맺고 있다.

상의 크기가 석굴암 본존에는 미치지 못하지만 크다. 머리 부분이 신체 부분에 비해서 크다. 신체 부분이 작아서 양감이 부족하다. 그러나 양 팔과 다리의 표현에서는 볼륨이 강조되어 있고 또한 확실하게 결가부좌를 맺고 있다. 한편 옷 주름의 표현이 훌륭하다. 즉 어깨에서 흘러내리는 옷 주름, 손목에서 무릎 쪽으로 떨어지는 옷 주름이 유려하다. 양 팔과 무릎 부분의 옷 주름이 절제되어 있고 그리고 소상(塑像)처럼 융기되어 있는 옷 주름 선은 주목할 만하다. 얼굴에서도 근엄함이 느껴진다. 석재가 가지고 있는 맛을 충분히 나타내고 있다.

경산 관봉(冠峰) 석조 여래 좌상 | 도18

상은 소발이며 육계가 있다. 머리 위의 판석은 후세에 얹은 것으로 보인다. 또한 통견이며 항마촉지인을 맺고 있다. 상의 표현을 보면 전체적으로 비만한 느낌이다. 머리 부분은 큰 편이고 신체 부분은 그다지 쭉 뻗어 있지 못하며 두 다리의 처리 또한 분명하지 않다. 옷 주름도 거의 선각에 가깝다. 이 상에서 주목할 점은 면상의 표현이다. 눈은 길게 파서 눈초리가 날카롭게 올라가 있고, 두꺼운 입술은 굳게 다물고 있다. 근엄함이 느껴지는 얼굴 표정에서 석굴암 본존의 분위기가 느껴진다.

경주 남산 삼릉곡(三陵谷) 석조 약사여래 좌상 | 도19

상은 나발이며 육계가 있다. 통견으로 항마촉지인을 맺고 있으며 왼손에 작은 보주가 올려 있고 연화 대좌와 광배를 갖추고 있다.

상의 표현을 보면, 큰 머리 부분에 비해서 신체 부분은 약간 작다. 특히

도18 관봉 석조 여래 좌상, 통일신라 8세기 후반, 총 높이 400㎝, 경북 경산

도19 삼릉곡 석조 약사여래 좌상, 통일신라 8세기 말, 높이 145㎝, 경주 남산, 국립중앙박물관 소장

무릎 높이는 있으나 무릎 폭이 좁다. 대의(大衣)에 덮여 발이 보이지 않는다. 옷 주름의 처리는 유려하며, 보기 드물게 옷자락 끝이 오른쪽 무릎 부분에서 삼각형으로 늘어져 있다. 이 상의 얼굴 생김을 보면, 약간은 비만한 느낌도 있으나 활처럼 굽어 있는 눈썹, 날카롭게 새겨진 눈, 윗입술을 삼각형 모양으로 하고 굳게 다물고 있는 입 등에서 석굴암 본존의 얼굴과 같은 위엄이 느껴진다.

합천 청량사(淸凉寺) 석조 여래 좌상

상은 대립(大粒)의 나발이며 낮은 육계가 있다. 또한 편단우견이며 항마촉지인을 하고 있고 무릎 앞에 부채 모양으로 옷의 끝이 늘어져 있다.

상은 전체적으로 균형이 잘 잡혀 있으며 양감도 있다. 특히 무릎 부분을 강조하고 있는 듯 무릎 폭도 넓으며 양 다리를 뻗어 결가부좌를 하고 있다. 측면에서 보면 무릎 높이가 있으며 뒤쪽에 힘을 주고 앉아 있다. 턱은 당겨져 있으며 가슴 부분이 꽤 돌출되어 있다.

옷 주름의 표현은 간결하며 왼손의 팔꿈치에서 손목까지의 옷 주름과 양 무릎 부분의 옷 주름은 융기선으로 표현되어 있다. 특히 면상의 경우는 눈과 코 그리고 입이 얼굴 한가운데 모여 있으며 양 뺨에 살집이 있다. 전체적으로는 얼굴에서 위엄이 느껴지며 긴장되어 보이는 신체 부분과도 잘 조화를 이루고 있다.

영풍 흑석사(黑石寺) 석조 여래 좌상

상은 나발이며 육계가 있다. 통견으로 항마촉지인을 맺고 있으며 왼손 위에 작은 보주가 올려 있다. 무릎 앞에 부채 모양의 옷자락 끝이 늘어져 있다. 상의 면상은 원만하고 웃음을 짓고 있으나 매우 조용한 느낌이다. 전체적으로 균형이 잘 잡혀 있다. 다리를 확실히 접어 결가부좌를 맺고 있다.

의성 고운사(孤雲寺) 석조 여래 좌상 | 도20

상은 대립의 나발이며 통견을 하고 있다. 현재 오른손이 결실되어 있지만 항마촉지인을 맺었던 것으로 보인다. 무릎 앞에 부채 모양의 옷자락 끝이 늘어져 있다. 상의 머리 부분은 좀 작고 어깨와 무릎 폭이 넓고 두 다리를 확실하게 표현하고 있어 안정감이 느껴진다. 다만 왼팔은 짧고 무릎 가운데에 놓여 있지 않다. 평행선으로 늘어져 있는 옷 주름의 표현이 유려하다. 얼굴은 온화한 표정이며 미소를 나타내고 있다.

상주 증촌리(曾村里) 석조 여래 좌상

상은 소발이며 육계는 결실되었다. 통견이며 항마촉지인을 하고 있으나 왼손에 약함을 들고 있다. 대좌에 부채 모양의 옷 주름 자락을 새기고 있다. 상의 면상은 방형에 가깝다. 옷은 몸에 밀착되어 신체 볼륨을 잘 나타내고 있다. 무릎을 꽤 길게 하여 확실하게 결가부좌를 하고 있다. 전체적으로 보기 좋은 긴장감이 느껴진다.

석굴암 본존의 양식, 특히 위엄과 원만한 얼굴 생김과 확실하게 맺은 결가부좌는 이후 석불의 작례 속에서 가장 많이 나타나고 있다. 이러한 석굴암의 자취를 보여주는 것 중에서 얼굴 생김은 통일신라 독자적인 표현이라 한다면 확실하게 맺고 있는 결가부좌의 표현은 인도풍이라 할

도20 고운사 석조 여래 좌상, 통일신라 9세기, 높이 79cm, 경북 의성

수 있다.

　이상과 같이 통일신라의 불교 조각은 신라가 삼국을 통일함에 따라 신라 전통의 양식에 백제와 고구려 양식을 흡수하였다. 그리고 그 위에 활발한 외국과의 문화 교류와 더불어 인도 양식과 당 양식을 적극적으로 받아들여 통일신라화해 갔다고 여겨진다. 특히 결코 비만하지 않은 타원형의 얼굴 모습에 잔잔한 미소가 흐르고, 위엄이 느껴지는 눈썹과 눈초리의 표현은 통일신라적인 양식의 하나로 볼 수 있다.

3
삼국과 통일신라시대의 마애불

(1) 마애불의 조성 배경

여기서는 삼국과 통일신라 때 조성된 마애불 중에서 상이 조성되기 이전부터 신령스런 바위, 즉 영석(靈石)으로 여겨지던 바위에 마애불이 새겨진 경위를 전승과 기록들을 중심으로 살펴보고, 나아가 그 조각 기법과 표현 방법들을 살펴보고자 한다.

현재까지 알려진 바로는 마애불의 최초 조성은 6세기 말경 백제 지역이었던 태안에 조성된 마애불과 그 뒤에 조성된 서산 마애불도21이다. 그리고 7세기 중엽부터는 마애불의 조성이 활발하게 이루어졌다. 8세기 이후에는, 경주를 중심으로 사원의 창건과 불상의 조성이 본격화되었고 이와 더불어 조소적으로 뛰어난 마애불의 조성도 활발하였다. 예를 들면, 경주 남산 봉화곡 칠불암 삼존불, 경주 남산 용장곡 용장사지 여래 좌상도22, 경주 남산 보리사 여래 좌상, 경주 굴불사지 사면 석불의 남쪽

면 여래 입상 및 보살 입상 등을 들 수 있다. 이 상들은 전체적인 신체 비례가 좋을 뿐만 아니라 표현에 있어서도 매우 섬세하다.

한편 9세기 이후가 되면, 마애불의 조성이 더욱 활발해지기 시작하고, 다양한 조각 기법들도 보인다. 즉 바위 면을 평면 가공하지 않고 그대로 살려 선각(線刻)이나 얇은 부조로 상을 표현하거나,[7] 또는 바위 면에는 몸체 부분만 나타내고 머리 부분은 별도의 돌로 만들어 신체 부분에 해당하는 암석에 올리기도 했으며,[8] 미완성으로 일컬어지는 마애불[9] 등이 보인다.

앞에서 말한 것처럼 마애불이 가장 집중적으로 조성된 지역은 경주의 남산이다. 이는 신라인에게 남산이 특별한 장소였음을 의미하기도 한다. 그러나 남산은 삼산이나 오악에서 배제되었고, 직접적으로 남산을 언급한 기록도 보이지 않는다.[10] 단지 『삼국유사』에 보이는 몇 개의 단편적인 기록들을 종합해 보면, 남산은 신라의 시조가 태어났던 장소이며,[11] 국가의 멸망을 예언한 것도 남산의 신이었다.[12] 또 군사적 요충지로 남산성(南山城)과 창고가 있었다.[13]

나아가 흥미 깊은 것은 불상의 출현과 관련 있는 생의사(生義寺)의 창

---

7 경주 남산의 탑곡 사방불, 삼릉곡 선각 삼존 입상과 선각 삼존 좌상, 삼릉곡 선각 여래 좌상 등이 있다.

8 경주 굴불사지의 서쪽 면 아미타 입상과 경주 남산 약수곡 마애 대불이 있다.

9 경주 남산 백운곡 마애 장육 입상, 경주 남산 삼릉곡 선각상(머리 부분만), 경주 남산 삼릉곡 마애 여래 좌상 등이 있다.

10 강우방 · 김원룡, 『경주남산』, 열화당, 1987, p.168.

11 『삼국유사』, 1권, 제1 기이, 「신라시조혁거세왕」.

12 『삼국유사』, 2권, 제2 기이, 「처용랑망해사(處容郞望海寺)」.

13 『삼국유사』, 2권, 제2 기이, 「문무왕법민(文武王法敏)」.

도21 서산 마애 삼존불, 백제, 본존 높이 280cm, 국보 84호, 서산 운산면 용현리

도22 용장곡 용장사지 마애 여래 좌상, 통일신라, 높이 114㎝, 경주 남산

건과 암석 신앙과 연관이 있는 석가사(釋迦寺)와 불무사(佛無寺)의 창건에 관한 설화이다.

선덕왕(632~646년) 때, 생의(生義) 스님이 항상 도중사(道中寺)에 주석하였다. 꿈에 어떤 스님이 나타나 남산으로 그를 끌고 올라갔다. 그리고 풀을 묶어 표식을 삼았다. 산의 남쪽 동굴에 이르러 이윽고 말하기를 "내가 이곳에 묻혀 있으니 사(師)가 꺼내 봉우리 위에 안치해 달라."고 청하였다. 바로 꿈에서 깨어 친구와 표시한 것을 찾아 그 동굴에 이르러 땅을 파 보니 돌미륵이 있어 꺼내어 삼화령(三花嶺) 위에 안치하였다. 선덕왕 13년 갑진년에 절을 창건하고 안치하였다. 후에 생의사로 이름하였다.[14]

효소왕(孝昭王) 정유 8년, 낙성회를 열고 왕이 친히 가서 공양을 베푸는데 한 비구가 몹시 허술한 모양을 하고 몸을 숙이고 뜰에 가서 청했다. "빈도도 또한 이 재에 참석하기를 바랍니다." 왕이 허락하여 말석에 참여하게 했다. 재가 끝나매 왕이 그를 희롱하여 말했다. "그대는 어디 사는가?" 비구가 대답하였다. "비파암(琵琶岩)입니다." 왕이 또 말했다. "이제 가거든 다른 이에게 국왕이 친히 불공하는 재에 참석했다고 말하지 말라." 그 비구가 웃으면서 대답했다. "폐하께서도 역시 다른 사람들에게 진신석가(眞身釋迦)에게 공양했다고 말하지 마십시오."

말을 마치자 몸을 솟구쳐 하늘로 올라가 남쪽을 향해 갔다. 왕이 놀랍고

---

14 『삼국유사』, 3권, 제4 탑상(塔像), 「생의사석미륵(生義寺石彌勒)」.

고려 석불의 조형과 정신 ─

부끄러워 달려 동쪽 언덕에 올라가서 그가 간 곳을 향해 멀리 절하고 사람을 시켜 찾게 하니 남산 참성곡(參星谷), 혹은 대적천원(大磧川源)이라 고도 하는 돌 위에 이르러 지팡이와 바리때를 놓고 숨어 버렸다.

시자가 와서 복명하자 왕은 마침내 석가사를 비파암 밑에 세우고, 또 그 자취가 없어진 곳에 불무사를 세워 지팡이와 바리때를 두 곳에 나누어 두었다. 두 절은 지금까지도 남아 있으나 지팡이와 바리때는 없어졌다.[15]

위와 같은 설화들은 남산의 사찰들이 감득(感得)에 의해 창건되었음 을 보여 준다. 또한 미륵 석불이 땅 속에서 나타나고, 진신 석가가 바위 에서 출현했음을 알 수 있다.

한편 남산 이외의 지역에 조성된 불상, 특히 마애불에 관한 기록에도 같은 경향이 엿보인다. 먼저 월성 단석산(斷石山) 마애불상군에 관한 기록 을 보면 다음과 같다.도23

이에 산의 암석 밑에 가람을 세우고 신령스러움 때문에 신선사(神仙寺) 라 이름하고 높이 3장 미륵 석상 1구, 보살 2구를 만드니 미묘하고 단 엄함을 보이나니.[16]

하나는 월생산(月生山)이라 하니 부의 서쪽 23리에 있어 세상에서 전하 길, 신라 김유신이 신검을 얻어 여제(麗濟)를 정벌하고자 하였다. 월생산

---

15 『삼국유사』, 5권, 제7 감통(感通), 「진신수공(眞身受供)」.

16 "仍於山巖下創造伽藍因靈虛名神仙寺作「弥勒石像一區高三丈, 菩薩二區, 明示微妙相相」端嚴」「造 像記」(黃壽永, 「斷石山神仙寺石窟磨崖像」), (『한국의 불상』, 문예출판사, 1990, pp. 274~284)

도23 단석산 바위 남쪽 면 전경, 경북 월성

석굴에 은밀히 들어가 검을 단련하여 큰 바위를 자르니 겹쳐 쌓여 산과 같으니 그 바위는 아직도 있다.[17]

다음으로 경주 선도산(仙桃山) 마애 삼존불도24과 경주 굴불사지 사면 석불에 대한 기록이다.

선도산은 부(府)의 서쪽 7리에 있으며, 신라 서악(西嶽)으로 부르거나 혹은 서술(西述)로 칭하거나 혹은 서형(西兄)으로 혹은 서연(西鳶)으로 칭하였다.[18]

진평왕 때(579~631년), 지혜(智慧)라는 비구니가 있어 어진 행실이 많았고 안흥사(安興寺)에 머물렀다. 새로이 불전을 수리하려고 했으나 힘이 미치지 못했다. 어느날 꿈에 모양이 아름답고 구슬로 머리를 장식한 선녀가 와서 위로하여 말하길, "나는 바로 선도산의 신모(神母)이니 네가 불전 수리하는 것을 기쁘게 여겨 금 10근을 주어 이를 돕고자 한다. 바로 나의 자리 밑에서 금을 취할 것이니." … 지혜 비구니가 이에 놀라 깨어나 무리를 이끌고 신사(神祠) 자리 밑에 가서 황금 160냥을 꺼냈다. 마침내 불사를 마치자 모두 신모가 말한 바에 의존한 것이다. 그 사적은 아직 남아 있으나 법사(法事)는 폐지되었다.[19]

---

17 『동국여지승람』, 「경주 산천 단석산(慶州 山川 斷石山)」.

18 『동국여지승람』, 「경주 산천」.

19 『삼국유사』, 5권, 제7 감통, 「선도성모수희불사(仙桃聖母隨喜佛事)」.

도24 선도산 마애 삼존불, 신라, 7세기 중엽, 본존 높이 685cm, 경주시 서악동

경덕왕(재위 742~764년)이 백률사(栢栗寺)에 행차하여 산 밑에 이르러 땅 속에서 나는 염불 소리를 들었다. 명하여 이를 파니 큰 돌을 얻었다. 사면에 사방불을 새기고 이로 인해 절을 세우고 굴불(掘佛)이라고 이름하였으나, 지금 여기서는 굴석(掘石)이라고 한다.[20]

이와 같이 마애불이 조성되었던 장소는 신라의 미륵 신앙과 화랑과의 관계가 있는 곳, 신모의 거처와 신라 오악 중의 하나인 서악, 땅 속에서 큰 바위가 나왔던 곳 등이다.

한편 암석 신앙과 관계가 있는 기록으로는 경주 남산의 상사암(想思岩)이 있다.[21] 『동경잡기(東京雜記)』에 "상사암, 금오산(金鰲山)에 있으니 그 크기가 백여 원이며 올라서 우뚝 서 있으니 가히 오를 수 없다. 세속에 전하길 상사질병의 숭자(崇者)는 이 바위에 기도하면 증험이 있다고 이르다."라고 적고 있다. 또 "산아당(産兒堂) 금오산에 있으니 반석(鑿石)은 아이를 낳는 모양과 같으니 세속에 전하길 신라 때 후사 이을 것을 기도하는 곳에 가위의 흔적이 있으니."라고 기록하고 있다.도25

이와 같이 상사암은 기자(祈子) 신앙의 대상으로 예배되었으며 효험에 관한 기록에서도 알 수 있듯이 매우 오랫동안 신앙되고 있었다. 현재도 바위 밑에 공양물이 놓여 있어 그 신앙의 맥은 지금도 이어지고 있다. 한 가지 흥미 깊은 점은 상사암의 동쪽 면 앞에 작은 감실 같은 것이 파여 있으며 그 아래에 머리 부분이 결실된 환조의 불상[현재 높이 80㎝, 7세

---

20 『삼국유사』, 3권, 제4 탑상, 「사불산 굴불산 만불산(四佛山 掘佛山 萬佛山)」.

21 상사암은 경주 남산의 삼릉곡과 포석곡(鮑石谷)의 정상에 위치하고 있으며 높이 15m, 폭 28m인 바위이다.

도25 상사암, 높이 15m 폭 28m, 경주 남산

기]이 통칭 남근암과 여음암의 사이에 서 있다.

나아가 삼릉곡에도 부부암으로 불리는 바위에 남근암이 있으며, 그 옆에 여음암으로 불리는 바위 면에는 선각 여래 좌상[상 높이 224㎝, 9세기]이 새겨져 있다.도26 이처럼 성기 모양의 암석이 있는 곳에 마애불이 조성되고 있다. 또 다른 예로는 월성 골굴암 마애 여래 좌상[상 높이 400㎝, 9세기]이 있다.

결국 상사암과 부부암은 기자 신앙과 관련이 깊은 곳에 불상이 조성된 것을 의미한다. 이른 시기에 조성된 상사암 동쪽 면의 감실 불상의 경우는, 암석에는 손을 대지 않고 다른 돌로 불상을 만들어 안치하고 있다. 후에 조성된 삼릉곡의 여래 좌상의 경우는 바위 면을 평면 가공하거나 형태를 깎은 흔적 없이 선각으로 바위 면에 직접 나타내고 있다. 그러나 둘 모두 공통적으로 원래 성스럽게 여겨 오던 암석을 중시하고 있다는 점이 눈에 띈다.

이상으로 삼국과 통일신라의 마애불을 마애불이 조성되어 있는 암석과의 관련을 중심으로 그 기록을 정리해 보았다. 그 결과 마애불은 주로 성스럽게 여기던 산에 기존의 신앙 대상이었던 암석에 새겨졌을 가능성이 높음을 추측할 수 있다. 한편 이것을 실증하기 위해서는 직접적으로 마애불들의 조각 기법과 표현을 고찰해서 암석 신앙과 마애불과의 관련성을 검토해 볼 필요가 있다.

(2) 마애불의 조각 기법

거상(巨像)의 표현 기법의 특징은 바위 면 전체를 사용하고 있으며 암

도26 삼릉곡 부부암과 선각 여래 좌상, 경주 남산

석 자체를 신체처럼 생각했던 작례가 많다. 또 소상(小像)의 경우는 바위 면을 얇은 부조나 선각으로 상의 윤곽선만 나타내고 상의 표면도 바위 면 그대로인 경우가 많다. 그러나 원래 암석의 모양을 가능하면 살리고자 한 표현 기법이란 점에서는 공통된다.

　그중에서는 머리 부분을 다른 돌의 환조(丸彫)로 만들어 바위 위에 올린 것도 있고, 또한 본존은 마애불로 바위에 새기고 양 협시보살상은 별

고려 석불의 조형과 정신 ——

도의 돌을 사용하여 환조상으로 조성된 것도 있다. 예를 들면, 경주 굴불사지 서쪽 면의 아미타 삼존불과 경주 선도산 마애 삼존불이다. 이것들도 원래의 암석과 불상 사이에 어떤 관계가 있다고 여겨진다. 우선 여기서는 상이 새겨진 암석을 중심으로 몇 개의 대표적인 마애불에 대해서 살펴보고자 한다.

월성 단석산 마애 불상군 | 도27

4개의 거대한 암석이 동·남·북에 나란히 서 있고 2개의 북쪽 바위 중에서 안쪽 거암 전체에 미륵상(상 높이 650㎝)이 새겨져 있다. 머리 부분은 부조이며 같은 깊이로 어깨선까지 깎고 있다. 신체 부분은 바위 면에 깊은 음각의 선을 넣어 각 부분, 즉 양 손, 양 다리, 발 등을 나타내고 있으나 전체적으로 바위의 표면은 처리하지 않고 있다. 특히 가슴 부분의 옷 주름을 몇 개의 융기선으로 표시하고 어깨에서 늘어지는 대의와 하상(下裳)의 좌우 윤곽은 새기지 않고 그대로 바위 면에 이어지고 있다. 이 상은 기본적으로 바위 면을 그대로 살리고 있으며 암석 전체를 신체로서 표현하고 있다.[22] 또한 바깥 쪽 북암이나 다른 면에 새겨진 상들은 대체적으로 얕은 부조로 새겨졌으며 바위 면은 전혀 손을 대지 않고 있음을 알 수 있다.

남산 삼릉곡 마애 여래 좌상 | 도28·29

상이 새겨져 있는 절벽은 측면에서 보면 계단 모양으로 되어 있다. 여기

---

22 강우방, 『법공과 장엄 – 한국고대조각사의 원리 2』, 열화당, 2000, p.55.

도27 단석산 북쪽 바위 불상과 공양자상, 경북 월성

도 3 삼릉곡 마애 여래 좌상, 통일신라, 높이 521㎝, 경주 남산

도29 삼릉곡 마애 여래 좌상 측면

에 불상은 지면에서 첫 번째 단에 머리 부분과 어깨 주위 윤곽선을 나타내고 있다. 두부의 주위가 특히 깊게 새겨져 두부는 환조에 가깝다. 몸체 부분은 바위 면에 선각으로 표현되어 있다. 멀리서 보면 머리 부분만이 확실히 보이고 어깨 아래는 바위와 구별되지 않는다. 그래서 불상과 자연석이 하나로 되어 있는 것 같다.

굴불사지 서쪽 면의 아미타 삼존 입상 ┃ 도30

이 상은 머리 부분을 환조의 다른 돌로 만들어 올리고 신체 부분만 바위 면에 부조로 조성하였다. 그리고 바위 면에서 상의 윤곽선까지의 각도가 완만하여 상이 바위에서 서서히 나타나고 있는 느낌을 강하게 준다. 나아가 환조의 머리 부분은, 현재 부조인 신체 부분도 시간이 경과하면 언젠가는 환조로 되지 않을까 하는 예상과 그리고 실제 각도를 달리 보면 움직임마저 느껴진다. 또 암석의 형태를 그대로 이용하고 있는 어깨선이나 자세는 자연 암석이 가진 느낌 그대로이다.

두부를 별석으로 했던 이유를 추정해 보면, 두부를 암석에 나타내려면 많은 부분의 암석을 깎아 버려야 하지만 별석으로 만들었기 때문에 본래의 바위를 거의 손상하지 않고 불상을 조성할 수 있기 때문이다.

남산 약수곡 마애 대불 ┃ 도31

두부에 별석을 얹었던 마애 대불이다. 현재 두부는 결손되었다. 바위 면 전체를 사용하여 부조로 몸체 부분을 나타내고 있다. 또 양 손과 옷 주름도 얇은 부조로 새겨 광선에 따라 그 윤곽선에 그림자가 생겨 미묘한 입체감이 느껴진다. 가슴에서 늘어지는 옷 주름은 반원형으로 둥그스

도30 굴불사지 서면 아미타 삼존불, 통일신라, 본존 높이 351cm, 경주 동천동

도31 약수곡 마애 대불, 통일신라, 현재 높이 860㎝, 경주 남산

름함이 느껴지고, 양 팔에서 떨어지는 옷 주름은 직선으로 상을 보다 더 거대하게 느끼게 해 준다. 또 상반신의 왼쪽 손목 부분에서 오른손 부분까지 비스듬하게 균열이 있다. 그러나 이것에는 손을 대지 않고 반대로 이 균열 선을 살린 것이 불상에는 자연석의 질감을 더해 주고 있다.

남산 탑곡 사방불 | 도32

상들이 새겨져 있는 화강암[높이 9m, 둘레 30m]은 부스러지기 쉬워 조각에는 적합하지 않다. 그럼에도 불구하고 사방의 바위 면에 여래상, 보살상, 비천, 수도승, 탑, 사자 등이 거의 선각에 가까운 얇은 부조로 표현되어 있다. 즉 바위 면은 전혀 깎지 않고 그대로 두고, 주위 윤곽만 새겨 상들을 나타내고 있다. 그러나 상의 얼굴 표정이나 비천의 움직임, 사자의 표현 등은 뛰어나다. 예를 들면 동쪽 면의 여래 좌상은 입 언저리 주변을 조금 깎고 눈 밑의 양 뺨을 부풀게 해서 자연스럽게 미소를 나타내고 있다.

남산 삼릉곡 선각 삼존 입상과 좌상 | 도33

서쪽 바위 면에 조성되어 있는 2개의 삼존불은 바위 면 전체를 이용하면서 구도의 균형이 놀랄 만큼 잘 잡혀 있다. 즉 바위의 갈라진 틈이나 튀어나온 부분들을 전혀 신경 쓰지 않고 있다. 본래의 바위 면 전체를 사용하면서 좌우 삼존불의 자세는 서로 대칭을 이루고 있다. 또 한 번에 그린 붓의 필치처럼 흐르는 선처럼 선각에 의해 상 전체가 새겨져 있다.

도32 탑곡 사방불 동쪽 면 마애 여래 좌상, 통일신라, 경주 남산

도33 삼릉곡 선각 삼존 입상, 통일신라, 경주 남산

남산 삼릉곡 선각 여래 좌상

앞에서 서술한 대로 기자 신앙의 대상인 부부암 옆에 조성된 여래 좌상이다. 전신은 선각이며 얼굴 부분만 얕은 부조이다. 바위 면 중앙에 커다란 균열이 가로지르고 있으나 그곳에 불상의 연화좌가 걸쳐 새겨져 있다. 이것은 상 주위의 여백에서 생각해 보면 의도적인 표현처럼 보인다. 결국 이 바위의 통칭[女陰石]이 상징하는 '낳다' 또는 '새로운 것을 창출하다'라는 기존 개념에 불교 출현의 상징인 연화[座]를 겹쳐 표현하고 있는 것으로 여겨진다.

이상의 작례에서 보이는 공통점은, 대부분 바위 면을 그대로 살리면서 마애불을 조성하고 있다는 것이다. 다시 말하면, 암석의 재질에 따라 혹은 바위 면의 울퉁불퉁함이나 균열 등을 깎거나 가공하지 않고 바위 면 본래의 모양에 따라서 불상을 새기고 있다. 그리고 두부는 고부조(高浮彫)로 새기고, 신체 부분은 얕은 부조나 선각으로 새기고 있다. 이러한 조각 기법을 사용한 것은 암석을 가능하면 손상시키지 않는 범위 내에서 상을 표현하기 위한 것이다. 또한 상이 새겨져 있는 암석은 불상이 새겨지기 이전부터 성스러운 바위로서 신앙되고 있었음을 간접적으로 보여주는 증거이기도 하다.[23]

---

23 마애불은 노출된 자연의 암석에 조각된 불상을 말하며, 부조와 선각의 조각 기법을 사용하였다. 인도와 중국에서는 석굴 사원의 개착(開鑿)과 더불어 바위 절벽을 뚫고 그 안에 마애불을 조성하였다. 이 지역에서는 일반적으로 마애불에 채색이나 금박을 붙이거나, 또는 소토(塑土)를 발라 표면을 매끄럽게 하기도 하였다. 한편 인도나 중국의 석굴 사원에 조성된 마애불은 조소적인 느낌이 강하며 산이나 암석 자체를 중시했던 경향은 보이지 않는다.

(3) 마애불의 표현 방법

먼저 삼국과 통일신라의 마애불 표현의 특징으로 들 수 있는 것은 미묘한 입체감이다. 즉 이 시기 대부분의 마애불은 상의 상부에서 하부로 갈수록 새김이 얇아진다. 이 때문에 상대적으로 고부조 부분이 보다 뚜렷이 나타나 마치 불상이 바위에서 출현하고 있는 것 같다.[24] 특히 머리를 다른 돌로 만든 경우는 이러한 이미지가 더욱 강하다. 나아가 날씨나 시간에 따라 달라지는 광선이 선각이나 얇은 부조에 만드는 그림자와 상의 노출 정도에 따라 상의 이미지를 변화시킨다. 이러한 변화는 예배하는 사람에게 존상(尊像)이 더욱 신비하게 느껴졌을 것이다.

다음으로 또 다른 마애불의 특징은, 상 주위의 바위 면에 끌의 흔적 같은 거친 새김이 있다는 점이다. 이것은 앞에서 말했던 '상이 출현하는 움직임'을 나타내는 의도적인 표시로 생각할 수 있다. 예를 들면, 경주 굴불사지의 서면 아미타여래 입상은 본존 주위를 전부 거친 끌로 비스듬하게 새긴 자취가 있다.도34 다른 면의 상 주위에는 이러한 거친 끌 흔적은 보이지 않는다.[25] 경주 남산 봉화곡 신선암 관음보살 좌상의 경우는 상이 새겨진 양쪽의 넓은 바위 면 전체를 끌로 거칠게 새겨 놓고 있다. 이 거친 끌 자국은 상을 더욱 돋보이게 하고 있음을 알 수 있다.도35

---

24 거암은 신이나 불(佛)이 머무는 것으로 여겨져 그 위에 부조나 선각으로 존상을 조형하고 일광의 각도에 의해 표정이 변화함에 따라 출현하는 불(佛)을 구현시킨 것으로 생각되며 한반도에 그러한 마애불의 예가 많다고 보고 있다.(井上 正,「靈木に出現する仏 – 列島に根付いた神仏習合」, 『木』, 思文閣, 1994, p.186)

25 이 거친 끌 눈은 양 보살상을 거암 본체에서 떼어 내려고 했던 흔적으로 보기도 한다.(斉藤 孝,「統一新羅石仏の技法 – 慶州掘仏寺址四面石仏を中心に」, 『史迹と美術』, 第492号, p.46)

도34 굴불사지 서쪽 면 아미타 입상 주변 끌 자국

도35 신선암 관음보살 좌상, 통일신라, 높이 153㎝, 경주 남산

또 전체 바위 면을 신체로 삼은 경주 남산 약수곡 대불의 경우는, 신체 부분 이외의 바위 면에 거친 끌 자국이 보인다. 어깨부터 밑의 치마 부분까지 양쪽 바위 면 30㎝ 정도를 거칠게 깎아 내고 있다. 경주 남산 삼릉곡 여래 좌상은 두부 주위의 바위를 깊게 파서 두부를 고부조로 새기고, 두부 주위 바위에 거친 끌 자국을 그대로 남기고 있다. 두광(頭光)을 나타내지 않고 거칠게 파낸 자국을 그대로 두고 있다는 점도 흥미롭다.

경주 남산 백운곡 장육 여래 입상은 네 종류의 바위 면 처리를 보여준다. 즉 본래의 바위 면, 상 주위를 거칠게 새긴 면, 상의 매끄러운 면 이외의 면, 두부와 목 부분과 왼쪽 손의 매끄러운 면 등이다. 그러나 머리 부분이 완전하게 부조된 그 주위의 바위 면에 가장 거친 끌 자국이 보인다.도36·37

이와 같은 조각 기법은 상 주위에 거친 끌 자국을 새겨 매끄러운 상의 부조와 대비시켜 상이 암석에서 출현하는 과정을 단계적으로 표현하고 있는 효과를 극대화시켜 주기 위함이다.[26]

나아가 9세기 이후, 통일신라 말기의 마애불 중 신체 부분에서 그 일부의 표현이 생략되고 있는 작례들도 보인다. 대표적인 것으로는 경주 남산 삼릉곡 여래 좌상과 경주 남산 백운곡 장육 여래 입상을 들 수 있다. 삼릉곡 여래 좌상의 경우는 앞에서 말한 것처럼 두부는 고부조, 체부는 선각이지만, 육계부터 연화 대좌까지 거의 완전하게 표현되어 있다. 그러나 자세히 보면 오른쪽의 손과 발은 완전한 모습이지만 왼쪽의 손

---

26 경주 남산 봉화곡 신선암 관음보살 좌상의 상과 주위 암석의 표면 처리에 대해서, 상 주위의 암석 표면을 본래의 암석보다 거칠게 처리하는 것은 상의 매끄러운 부분과 대비시켜 상이 암석에서 출현하는 것 같은 효과를 얻기 위한 것이라고 지적하고 있다.(강우방, 『원융과 조화』 - 한국고대조각사의 원리, 열화당, 1990, p.406)

과 발은 불완전한 표현이다. 이것은 상이 완성으로 가기 위한 과정을 나타내는 것이며, 그 물결치는 선들은 이러한 변화를 보여 주고 있는 것으로 생각된다. 또한 왼쪽 무릎 부분의 옷 주름 선에 동심원이 나타나 오른쪽 무릎의 옷 주름 선과 비대칭을 이루고 있는 것도 어떤 힘이 작용하고 있는 표현의 하나로 생각할 수 있다.

한편 경주 남산 백운곡 장육 여래 입상은 더욱 생략화가 심해서 마치 조성을 도중에서 중지한 것처럼 보인다. 그러나 이 상도 '출현(出現)'이라는 관점에서 보면 미완성(未完成)이 아니다. 이는 '생략화(省略化)'라는 표현 기법을 사용했던 완성작으로 볼 수 있다. 상이 여래상으로서의 두부와 손을 거의 갖추고 있어 분명히 의도적으로 생략화를 도모했을 것으로 여겨진다. 처음 바위 면에 상의 구도를 정할 때 머리 부분 위에 여백이 있음에도 불구하고 상 전체를 내려서 표현하고 있는 것은 하반신의 미출현이 출현했을 경우의 예비 공간으로서 두부 상측의 여백을 마련해 두기 위한 것으로 여겨진다.

또 조각 기법을 보면 두부는 고부조, 어깨와 양 팔은 약간 고부조, 그 이하는 점점 얇은 부조로 새김에 따라 '출현의 진행'을 나타내고 있다. 앞에서 말한 것처럼 상 주변을 거칠게 표현하고 있는 것도 매끄럽게 부조가 끝난 상의 표면과 대비시켜 출현의 이미지를 강조하려는 하나의 기법으로 여겨진다.

이상으로 삼국과 통일신라의 마애불을 기록과 표현으로 나누어 고찰해 보았다. 기록을 통해서는 불상이 조성되어 있는 장소와 암석이 원래부터 성스러운 곳과 영석 신앙의 대상이었을 가능성이 높은 곳임을 알

도37 백운곡 장육 여래 입상 손 부분

수 있었다. 또 표현을 통해서는 주어진 바위 면을 소중히 하면서 얇은 부조와 선각으로 '불상이 바위에서 나타나고 있는' 이미지를 충실하게 하고 있음을 알 수 있었다.[27] 그 구체적인 표현 기법으로는 먼저 상의 상부에서 하부로 갈수록 얇게 새기거나 상의 주위에 거친 끌 자국을 새긴다. 그리고 신체 일부의 표현을 생략하거나, 광선의 변화 등을 들 수 있다.

---

27 신라에는 불교 전래 이전부터 암석 신앙이 있었다. 암석에 기도하면 병도 고치고, 자식도 낳게 해 준다는 암석의 영험을 신앙했다. 불교가 전래된 후, 암석의 힘은 부처의 이름으로 변했고 암석 속에 부처가 있는 것처럼, 그래서 부처의 영(靈)이 암석 속에 있으면서 방편에 의해 형상으로서 출현한다고 믿어 왔다. 바위 면에 새겨져 있는 수많은 마애불상은 이러한 토착 신앙과 불교 신앙의 습합으로 보고 있다.(윤경렬,『경주 남산 – 겨레의 땅, 민족의 땅』, 불지사, 1998, pp.220~221)

3

고려시대의
불교 조각

이천동 마애 석불 입상, 고려, 높이 12.38m, 경북 안동

1
고려시대의 사회와 불교

태조 왕건은 후삼국을 통일하면서 지방 호족들의 회유가 필요하였다.[1] 그리하여 당시 지방 호족과 밀접한 관계에 있던 승려와의 결연(結緣)을 중시하였고,[2] 그 결과 호족은 물론 지방민까지 포섭할 수 있었다. 이는 바로 고려가 통일 국가를 형성하는 과정에서 통합 이념을 불교에서 구했고, 승려들이 그 구체적인 역할을 했다. 이러한 태조의 정책은 훈요십조(訓要十條)에 잘 나타나 있다.[3]

---

1   통일신라 말부터 고려 초까지를 나말여초(羅末麗初)의 혼란기로 보고 있다. 즉 9세기 전반, 822년 (헌덕왕 14)에 일어난 김헌창(金憲昌)의 난을 시작으로, 836년, 839년 왕위쟁탈전, 892~936년 사이 후백제 건립, 901~917년 사이 후고구려가 건립되었다. 그 후 918년에 고려가 건국되었고, 930년에 신라와 후백제가 멸망하고 고려로 통일되는 중세 사회의 전환기를 말한다

2   대표적인 승려로서 현휘(玄暉), 진철이엄(眞澈利嚴), 법경경유(法鏡慶猷), 선각형철(先覺逈徹), 대경여엄(大鏡麗嚴) 등이 있다. 이들은 교선(敎禪) 융합적인 입장이며, 대부분 중국에 유학하였고 귀국 후 왕건과 결연을 맺었다.

3   훈요십조는 『고려사』, 세가 2, 「태조 2년 4월」에 나온다. 태조는 즉위한 지 26년(943)에 돌아가시나, 그때 내전에서 박술희(朴述希)를 불러 훈요십조를 친히 전한다. 그 내용은 후손들이 경계해야 할 10가지 조목으로 불교 및 풍수지리설에 대한 사상과 왕으로서의 태도, 왕위 계승 원칙 등에 대

훈요십조 중에서 불교 관련 내용을 보면,[4] 먼저 제1조에서는 불교의 조력으로 건국의 이념을 실현할 것을 나타내고 있다.[5] 그리고 제2조에서는 도선(道詵) 국사의 비보사탑설(裨補寺塔說)에 따라 사원을 창건해야 한다고 적고 있다.[6] 마지막으로 제6조에서는 불교 의례인 팔관재회(八關齋會)를 국가의 중대한 행사로서 지킬 것을 강조하고 있다.[7]

이와 같이 태조 왕건이 확립한 불교에 대한 방침은 고려 역대 왕들에게도 계승되었다. 나아가 왕사(王師) 제도, 국사(國師) 제도 그리고 승과(僧科)에 따른 승계(僧階) 제도 등도 정착되었다. 한편 많은 수의 사원이 창건되었고, 특히 고려 초기 태조(재위 918~943년)와 광종(재위 951~988년) 대에 사원 창건에 관한 기록이 많이 보인다.[8]

훈요십조에 언급되었던 풍수지리설은 통일신라 말부터 고려 초기에

한 견해를 밝히고 있다.

4 국사편찬위원회, 『한국사 16 - 고려 전기의 종교와 사상』, 국사편찬위원회, 1994, pp.64~65.

5 "其一曰, 我國家大業, 必資諸佛護衛之力, 故創禪敎寺院, 差遣住持焚修, 使各治其業, 後世奸臣執政, 徇僧請謁, 各業寺社, 爭相換奪, 切宜禁之".(『고려사』, 세가 2, 「태조 26년 4월」)

6 "其二曰, 諸寺院, 皆道詵推占山水順逆而開創, 道詵云, 吾所占定外, 妄加創造, 則損薄地德, 祚業不永, 朕念後世國王公侯后妃朝臣, 各稱願堂, 或增創造, 則大可憂也, 新羅之末, 競造浮屠, 衰損地德, 以底於亡, 可不戒哉".(『고려사』, 세가 2, 「태조 26년 4월」)
   "其五曰, 朕賴三韓山川陰佑, 以成大業, 西京水德調順, 爲我國地脈之根本, 大業萬代之地, 宜當四仲巡駐, 留過百日, 以到安寧".(『고려사』, 세가 2, 「태조 26년 4월」)

7 "其六曰, 朕所至願, 在於燃燈 · 八關, 燃燈所以事佛, 八關所以事天靈及五嶽名山大川龍神也. 後世奸臣, 建白加減者, 切宜禁止, 吾亦當初誓心, 會日, 不犯國忌, 君臣同樂, 宜當敬依行之".(『고려사』, 세가 2, 「태조 26년 4월」)

8 태조 2년에 법왕사, 자운사, 왕륜사, 내제석사, 사나사, 천선사, 신흥사, 문수원, 원통사, 지장사 등 10개의 절을 개경에 창건했다. 4년에 대흥사, 5년에 광명사, 일월사, 7년에 외제석원, 선중원, 흥국사, 13년에 안화선원, 23년에 개태사 등을 창건했다.(『고려사』, 1권, 세가, 「태조 2년」) 광종 2년에 대봉은사, 불일사, 5년에 숭선사, 14년에 귀법사, 19년에 홍화사, 유엄사, 삼귀사 등을 건립했다.(『고려사』, 1권, 세가, 「광종」)

성행하였으며, 특히 선종 승려들에 의해서 전국 각처의 지방 호족에게 퍼져 갔다. 풍수지리설은 원래 선승들이 사원의 입지 선정과 부도(浮屠) 조영에 이용하고 있었다. 고려가 통일된 후 풍수지리설은 불교와 더불어 고려의 정통성을 확립하는 데 큰 역할을 하였다. 즉 고려의 수도가 명당으로 인정되어, 지금까지의 정치와 문화의 중심지가 경주에서 자연스럽게 송악(松嶽, 현재 개성)으로 옮겨 갈 수 있는 사상적 기반이 되었다. 나아가 지방 호족들의 본거지도 명당으로 인정되어 경주에서의 분리나 스스로의 세력 형성을 합리화하였다.

결국 고려 초기에 풍수지리설은 지금까지의 경주 중심의 국토 관념에서 벗어나 국토 가치의 새로운 편성을 행하는 기반이 되었다. 그 결과 사원의 창건이나 석불의 조성도 전국에 분산되었다.[9]

(1) 고려와 중국과의 관계

고려는 918년에 건국되었고, 930년에 신라와 후백제를 통일하였다. 그 후 1392년 조선에 의해 멸망하기까지 460여 년의 긴 시간에 걸쳐

---

9 최창조는 고려시대 풍수사상의 특징을 다음과 같이 정리하고 있다. 첫째, 풍수 이론 중에서 국업(國業)을 연장하기 위한 국도 풍수와 마을의 입지 선정을 위한 도읍 풍수와 같은 양기의 풍수가 발달하였고, 한편 묏자리의 길흉을 점치는 음택(陰宅) 풍수도 왕실과 귀족 사이에서 행해졌다. 둘째, 명승, 대덕, 유학자도 풍수지리설을 이해하고 있었다. 셋째, 풍수지리설의 성행과 함께 풍수설을 반대하는 것도 끊이지 않았다. 넷째, 국토 전체를 조망하는 거시적인 규모의 풍수부터 개인의 집터나 묘지를 선정하는 미시적인 풍수까지 공간 규모에 따른 모든 풍수지리가 전개되었다. 다섯째, 고려시대의 풍수지리는 공간적으로 행정 구역 변경 및 지명, 명호(名號)의 승강(昇降)으로서 나타냈다. 여섯째, 고려시대의 도읍 풍수에는 도읍의 역사성과 풍수지리적인 제 조건의 구비 이외에도 순수한 현대 인문 지리학적인 입지 요인이 많이 고려되었다.(최창조,「풍수지리·도참사상」,『한국사』, 국사편찬위원회, 1994, pp.323~326)

지배했으나, 통상 무신의 난(1170년)을 기점으로 전기와 후기로 나눈다.[10] 전기는 고려의 융성기로 제도와 문물이 정비 발달했던 안정기였으나, 후기는 100년간(1170~1270년)의 무신들의 집권과 약 30년간의 몽골 침입 (1214~1259년)을 포함해 전반적으로 혼란기였다.

한편 당시 중국은 당의 멸망(907년) 후, 5대 10국[後梁 · 後唐 · 後晋 · 吳越 · 南唐 등]의 분열(907~960년)을 거쳐 960년 송에 의해 통일되었다. 또 당의 멸망과 더불어 동아시아 속에서의 중국의 선진성과 지도력이 약해져 이전의 시대와 비교해 교류도 그만큼 적어졌다.[11] 이것은 삼국과 통일신라에 비해 고려 때 중국으로 들어간 구법승의 수가 현저하게 적어진 것에서도 그 사실을 알 수 있다.[12]

고려시대에 있어 중국과의 교류 변화에서 중요한 것은, 먼저 많은 선종의 승려들이 중국에서 귀국해 전국 각처에 선문(禪門)을 열었던 일이다. 다음으로 929년과 938년에 천축국과 서천축의 승려가 고려에 왔으며, 또한 10세기 후반부터 송(宋), 요(遼), 원(元) 등의 승려들이 고려에 대

---

10 전기는 태조(918~943년)부터 예종(1106~1122년)의 약 200년간으로 고려의 융성기로 제도와 문물이 정비되고 발달한 시기이다. 후기는 인종(1123~1146년)부터 고려 말기의 약 270년간 동란기로 이자겸의 난, 묘청의 난, 무신 정권 시대, 고종(1214~1259년) 이후 약 30년에 걸쳐 몽골의 침입, 고려 말경의 왜구와 홍건적의 외환이 연속되던 시기이다.(김상기, 『신편고려시대사』, 서울대학교 출판부, 1996) 한편 전반기는 후삼국기의 초기 및 950년경부터 1170년경, 후반기는 1170년부터 1392년경(제1기는 1170~1270년경, 제2기는 1270~1392년경)으로 보기도 한다.(문명대, 『한국미술사의 현황』, 예경, 1993)

11 고려와 5대 10국과의 통교는 고려 태조 6년(923), 복부경(福府卿) 윤질(尹質)이 후량(後梁)에 사신으로 갔을 때 오백나한의 화상(畵像)을 가지고 온 것에서 시작된다.(『고려사』, 1권, 세가, 「태조6년」) 그 후 광종 13년(962)에 송과 정식으로 국교를 맺는다.(『고려사』, 1권, 세가, 「광종 13년」)

12 표1 입중국유학승 참조.

장경을 구하러 왔다. 이처럼 당이 멸망한 후, 고려 초기 승려들이 중국에 가는 주요 목적은 선 수행에 있었다. 이 때문에 불교 미술의 교류에 대한 관심은 통일신라보다 낮았을 것으로 여겨진다. 고려시대의 불교 미술에 있어 송나라의 영향을 무시할 수 없다. 하지만 초기에는 송나라보다는 통일신라의 당풍(唐風)의 전통을 직접적으로 계승했을 가능성이 크다.

(2) 비보사탑설

통일신라 말에 풍수가로서도 활약했던 도선 국사는 고려에 와서는 훈요십조 중에 직접 그 이름이 언급될 정도로 태조의 두터운 신임을 얻고 있었다. 그리하여 고려 초기에는 사원을 창건할 때 도선 국사가 정한 장소에 선정하는 경우가 많았다.[13] 그 이유는 비보사탑설(裨補寺塔說) 때문이다. 도선 국사에 의하면, 국가의 화란(禍亂)은 국토 산하의 질병이 원인이라 보았다. 그것을 치료하기 위해서는 인체에 병이 있을 때 혈맥을 찾아 침과 뜸을 놓는 것처럼 산하(山河)의 어떤 지점에 침구를 놓아야 한다고 했다. 그 침구가 바로 사원과 탑을 세우는 일이며, 이 불사(佛事)를 비보사탑이라 칭하였다.[14]

---

13 도선의 전기는 후세에 신비화되어 그 생애에 대해서는 확실하지 않다. 일설에는 전남 영암에서 태어나 15세에 출가해 월유산(月遊山)의 화엄사에서 화엄을 수학했고, 20세부터 23세까지는 혜철(慧徹)의 문하에서 선종을 수학하였다. 그 후 23세에서 37세까지 전국을 방랑했으며 이 시기에 풍수지리에 대한 실제 체험이 행해졌을 것이다. 72세에 입적하기까지 옥룡사(玉龍寺)에서 머물렀다.(최병헌, 「도선의 생애와 나말여초의 풍수지리설 – 선종과 풍수지리설의 관계를 중심으로」, 『한국사연구』, 제11집, 1975, pp.108~114)

14 최병헌, 앞의 논문; 서윤길, 「도선 국사의 생애와 사상」, 『선각 국사 도선의 신연구』, 영암군, 1988; 양은용, 「도선 국사 비보사탑설의 연구」, 『선각 국사 도선의 신연구』, 영암군, 1988; 鎌田茂雄 저, 신현숙 역, 『한국불교사』, 민족사, 1992, pp.124~127; 최원석, 「영남 지방의 裨補寺塔에 관한 고

이러한 비보사탑설의 원류는 삼국시대부터 있었던 불법의 힘으로 나라를 구하기 위해 세웠던 황룡사 구층탑 등의 진호사탑(鎭護寺塔)에서 유래한다. 하지만 고려시대에는 여기에 사탑(寺塔)의 지덕(地德)으로 비보 과정을 거치는 풍수지리적인 개념이 더해진 비보사탑설로 전개되었다.[15] 이 비보사탑설은 9세기 말 선승인 도선에 의해 정립되어 고려왕조에 들어와서 널리 퍼졌고, 또한 전국적으로 많은 불사가 행해지는 계기가 되었다.[16]

또 비보사탑설에 의거하여 봉암사(鳳巖寺)의 철불 2구가 조성되었다. 기록에 의하면, 사찰의 땅이 오랫동안 동요하지 못하도록 진호(鎭護)하기 위해 그 비보 시설로서 기와 담장과 철불상을 만들었다고 한다.[17]

따라서 고려 불상을 고찰함에 있어 비보사탑설은 중요한 관점 중의 하나이다. 왜냐하면 철불이나 거대 석불의 경우는 예배 대상으로만 조성되었던 것은 아니기 때문이다. 비보사탑설로 대표되는 것처럼 '원하는

찰」,『한국사상사학』, 제17집, 한국사상사학회, 2001

15 "歸本國, 成九層塔於寺中, 隣國降伏, 九韓來貢, 王祚永安矣. 建塔之後…"(『삼국유사』, 3권, 제4 탑상, 「황룡사구층탑」) 이 외에도 가야의 파사석탑(婆娑石塔)과 왕후사, 신라의 사천왕사, 감은사 등이 대표적인 진호사탑(鎭護寺塔)이었고 자장(慈藏)과 명랑(明朗)은 당대의 이론가였다.(최원석, 「나말여초의 비보사탑연구」,『구산학보』, 제2집, 구산장학회, 1998)

16 전국에 도선 국사 창건으로 전해지는 사원이 많이 있다. 대표적인 예를 들어 보면, 백운산 내원사(內院寺), 조계산 불암사(佛巖寺), 상사면(上沙面)의 운동산(雲動山) 도선암(道詵庵), 영암 도갑사(道岬寺), 치악산 구룡사(龜龍寺), 순창 강천사(剛泉寺), 능주(陵州) 개천사(開天寺), 남평(南坪) 불회사(佛會寺)와 운흥사(雲興寺), 구례 화엄사(華嚴寺)와 연곡사(燕谷寺), 강진 정수사(淨水寺), 남원 만복사(萬福寺) 등이 있다.(김동주,『운주사 종합 학술 조사』, 전남대박물관, 1991, p.46) 또한 도선 국사의 조성으로 전승되는 불상 중에 대표적인 예로는 안동 이천동 마애 석불 입상, 화순 운주사 천불 천탑, 남원 신계리 마애 좌상 등이 있다.

17 "防後爲基, 起瓦墻四注以厚厭之, 鑄數像二軀以衛之."(「지증대사비문(智証大師碑文)」,『조선금석총람』 상, p.93)

뜻[願意]'에 의거하여 조성되었을 가능성도 배제할 수 없다.

(3) 팔관재회

　훈요십조의 제6조에 "팔관이란 천령(天靈), 오악, 명산, 대하, 용신(龍神)을 섬기는 것이다."라는 문구가 보인다.[18] 그러나 팔관재회는 재가 신도가 한 달에 6일이라도 아라한처럼 여덟 가지 계를 지킬 것을 권하는 불교 의례에서 유래한 것이다.[19] 즉 이것을 지킴으로써 재가 신도는 삼악취(三惡趣)에 떨어지지 않고 불법을 배우며 미륵 회상에서 만날 수 있는 공덕을 받는다는 것이다.

　그러나 고려시대의 팔관재회는 불교의 순수한 의례와는 달리 기존의 무교 신앙이 더해진 의례였다. 이에 대해서는 앞에서 언급한 것처럼 개인의 종교 행위로서 이미 정착해 있던 기존 신앙을 불교 의례 속에 받아들인 것이다. 또한 고려시대에 와서는 통일신라 때 국가적인 신앙 대상이었던 오악이나 명산에 대한 신앙을 보다 적극적으로 불교 의례화 하였다.[20] 이상의 고찰에 의하면 고려시대의 불교는 삼국과 통일신라의 전통성을 계승하면서도 기존의 신앙을 국가적 차원에서 습합시키고 있음을 알 수 있다.

　고려의 불교 조각도 또한 이러한 배경을 반영하고 있음은 충분히 생

18　『고려사』, 「세가」 편에 팔관재회를 비롯한 불교 의례 행사에 대해서는 80종류 정도의 기록이 보이며, 팔관재회에 대한 기록은 1,000회 이상 보일 정도로 성행하고 있었다.(국사편찬위원회, 앞의 책, p.139)

19　『증일아함경』, 38권, 제2경, 「팔관재경(八關齋經)」.

20　제1장 불교의 수용과 재래 신앙과 제3장 1. 고려시대의 사회와 불교 참조.

각할 수 있다. 즉 고려의 불상은 외래 양식을 적극적으로 수용하면서 서서히 독자적인 길을 걸었던 통일신라의 양식을 계승하고, 그 위에 보다 적극적으로 고려 나름의 양식 경향을 강화했을 것이다.

고려시대의 철불

철불 조성은 9세기 중엽, 통일신라 말부터 시작되었다.[21] 이 시기의 대표적인 작례로는 남원 실상사(實相寺) 약사여래 좌상[높이 266cm, 9세기 전반 추정], 장흥 보림사(寶林寺) 비로자나불 좌상[높이 273cm, 헌안왕 2년, 858년], 철원 도피안사(到彼岸寺) 비로자나불 좌상[높이 103cm, 경문왕 4년, 864년], 광주 증심사(證心寺) 비로자나불 좌상[높이 90cm, 9세기경 추정] 등이 있다.

통일신라 철불의 특징을 살펴보면, 먼저 전국적인 분포를 보인다. 그리고 주로 선종 사찰에 안치되었으며, 대부분 항마촉지인과 지권인(智拳印)의 비로자나불이 조성되었다.[22] 당시 어떤 이유로 철불이 유행했는가에 대해서는 분명하지 않다. 다만 철불은 금동불 제작보다 비용이 적게

---

21 서산 보원사지 출토로 전래되는 철조 여래 좌상(높이 150cm, 국립중앙박물관 소장)은 8세기의 통일신라 전성기로 보는 설과 10세기의 고려 초기로 보는 설이 있다.

22 황수영, 「통일신라시대의 철불」, 『고고미술』, 제154 · 155호, 1982.

들어 대규모의 불상 제작이 가능하였고, 호족들이 손쉽게 구할 수 있는 재료도 철이었다. 그리고 신라 하대부터 사치를 금하기 위해 6두품 이하 평민에 이르기까지 철, 동, 녹쇠 등을 사용하게 하였기에 철불이 유행한 것으로 본다.[23]

한편 고려시대의 조성으로 여겨지는 철불은 약 40구가 현존하고 있다.[24] 강원도 원주와 충주 지역을 비롯하여 전국의 선종 계통의 사원에 본존불로 안치되었다. 고려 철불은 규모에 있어서도 통일신라 철불보다 거대하며, 특이한 점은 대부분의 상에서 나발과 육계가 크게 표현되어 있다.

나아가 고려 철불의 양식에서 석굴암 본존의 영향력이 매우 강하게 보인다. 석굴암 본존의 영향력의 강약에 따라 작례를 두 갈래로 구분할 수 있다. 대부분의 작례에서 공통적으로 보이는 형식은 여래 좌상인 것과 양 무릎 사이에 부채 모양으로 퍼지는 옷자락 끝이 보이는 점이다. 그러나 편단우견과 항마촉지인을 하고 있는 작례와 통견과 항마촉지인의 수인이 아닌 작례로 나누어 보면, 전자에서 석굴암 본존의 자취가 보다 강하게 보인다. 그 대표적인 작례를 보면 다음과 같다.

(1) 석굴암 본존의 영향력이 강하게 엿보이는 작례

1) 하남시 하사창동 폐사지 출토 여래 좌상(높이 288cm)도1
2) 평택 만기사(萬奇寺) 여래 좌상(높이 143cm)

---

23 최성은, 『철불』, 대원사, 1995, p.30.

24 황수영, 「고려시대의 철불」, 『고고미술』 제166 · 167호, 1985.

도1 하사창동 폐사지 출토 철조 여래 좌상, 고려, 높이 288cm, 국립중앙박물관 소장

3) 영천 선원동(仙源洞) 여래 좌상(높이 151cm)

4) 원성군 소초면 출토 여래 좌상(높이 94cm)**도2**

5) 원성군 소초면 출토 여래 좌상(높이 82cm)

6) 원성군 소초면 출토 여래 좌상(높이 84cm)

7) 영주 부석사 소조(塑造) 여래 좌상(높이 278cm)

8) 서산 보원사지 출토 장육 여래 좌상(높이 257cm)

(2) 석굴암 본존의 영향력이 약하게 엿보이는 작례

9) 충주 단호사(丹湖寺) 여래 좌상(높이 130cm)**도3**

10) 충주 대원사(大圓寺) 여래 좌상(높이 98cm)**도4**

11) 남원 선원사(禪院寺) 여래 좌상(높이 115cm)

우선 (1)석굴암 본존의 영향력이 강하게 보이는 작례들의 양식적 특징은 편단우견을 두른 법의의 옷 주름 선이 몸체 부분에 밀착해 동체가 꽉 죄어져 있다. 그 중에서 1)~3)은 옷 주름을 융기선으로 나타내고 면상의 표정이 원만하여 위엄이 느껴진다. 4)~6)의 옷 주름 표현은 융기선이 아니고 돌을 깎는 기법으로 만들어진 것처럼 보인다. 그리고 얼굴 표정도 1)~3)의 작례들과는 달리 원만함보다는 긴장감이 느껴진다. 실제로 4)~6)은 같은 지역에서 출토되었으며 표현에서도 공통점이 보인다. 아마 동일 작가 또는 같은 공방에서 조성된 것으로 여겨진다.

한편 옷 주름의 표현이 유사한 예로는 위에 열거하지 않았던 서산 보

도2 원성군 소초면 출토 철조 여래 좌상, 고려, 높이 94㎝, 국립중앙박물관 소장

도3 단호사 철조 여래 좌상, 고려, 높이 130㎝, 충북 충주

도4 대원사 철조 여래 좌상, 고려, 높이 98㎝, 충북 충주

원사지 출토로 전해지는 여래 좌상과 1), 5)~8) 등이 있다. 그 옷 주름의 도식화된 정도에 따라서 석굴암 본존 양식에 보다 가까운 순서로 나열할 수 있으며, 이는 각 작례의 편년을 정하는 데 있어 대단히 중요하다. 나아가 2)와 4)의 얼굴 생김은 원만하지만, 단순하지 않은 옷 주름의 표현에서는 당풍에 가깝게 느껴진다. 또 3)의 경우는 1)과 2)와 4)의 옷 주름의 표현이 섞여 있는 것 같다.

한편 (2)석굴암 본존의 영향력이 약하게 보이는 작례들은 우선 얼굴 생김이 매우 무섭고, 통견이며, 옷 주름 선이 도식화 또는 생략되어 있는 점 등으로 (1)의 분류와 쉽게 구별할 수 있다. 통견의 표현은 이미 통일신라 말기의 철불에서 찾아볼 수 있다. 또 (2)의 표현의 특징으로는 무서워 보이는 얼굴 생김과 나발이 뾰족하게 솟아 있다. 또한 옷 주름 선이 두껍고 그 융기선이 높으며, 무릎 폭이 넓고 무릎 높이가 높아 하반신이 매우 강조되어 있다. 이 유형의 철불의 표현에서는 정신적인 강인함이 느껴진다.

이상으로 고려시대의 철불을 석굴암 본존의 양식적 흐름을 계승하고 있는 강도에 따라 정리해 보았다. 고려시대 철불을 석굴암 본존의 양식과 관련지어 볼 때 얼굴의 생김과 옷 주름 표현 이외에 또 한 가지 강조하고 싶은 것은 결가부좌의 표현이다. 즉 결가부좌를 확실히 맺고 있는 철불이 석굴암 본존 양식을 더 강하게 따르는 것이라고 하겠다.

또한 고려 불상에 관한 기록 중에서 소상(塑像)으로는 왕륜사(王輪寺) 장육 삼존상(988~997년)과 보현사(普賢寺) 장육 삼존상(1216년)이 있다. 당시 개성을 중심으로 국가적인 규모의 사찰 주존불로 소상이 많이 조성되었다. 또한 금탑 조성과 함께 금불이 조성되었으며 침향목(沈香木)으로도 불상을 제작했다. 고려 초기에는 개인의 염지불과 같은 작은 금동불상들이 조성되었다. 그러나 고려시대의 불상 중에서 가장 많이 현존하는 것은 석불과 철불이다. 그중 철불은 고려 초기에 집중적으로 조성되고 그 이후에는 보이지 않는 데 비해 석불은 계속해서 활발하게 조성되었다.

3
고려시대의 석불

이제까지는 한국 불교 미술의 흐름을 민족적 양식의 형성이라는
필자의 관점에서 개괄하면서 이를 위해 삼국과 통일신라의 대표
적 작례와 고려 불교의 전반적 특징과 철불에 대해 살펴보았다. 이것은
여기서 본격적으로 다룰 고려 석불을 불교 미술사라는 전체적인 맥락
속에서 고찰해 보기 위한 것이다.

고려는 수도를 개성으로 천도했으며, 9세기 말부터 전국으로 퍼진
선문(禪門)들과 결탁되어 있던 지방 호족의 거점지역을 중심으로 불사의
조성도 활발하게 이루어졌다.[25] 따라서 고려 석불의 분포는 통일신라까

---

25 9세기 이후가 되면, 각 지방의 호족 세력이 대부분 선승들을 후원하였다. 그 결과 각지에 구산(九
   山) 선문으로 대표되는 선종 사찰이 개창되었다. 이것은 지금까지 경주 중심의 수도에 집중되었
   던 문화를 지방에 확산시키는 계기가 되어 지방 문화의 수준을 높이게 되었다. 나말여초에 대표
   적으로 선문을 후원했던 호족 세력과 그 지역을 보면 다음과 같다. 충남 보령의 김흔(金昕) 일족
   은 성주산파(聖住山派), 강원도 강릉의 강릉 김씨는 사굴산파(闍崛山派), 충북 충주의 충주 유씨
   는 사자산파(獅子山派), 경남 김해의 소진희(蘇津熙) 세력은 봉림산파(鳳林山派), 경기도와 개성
   의 왕씨 세력은 수미산파(須彌山派) 등이다. (최병헌, 「신라 말 김해 지방의 호족세력과 선종」, 『한

지는 수도인 경주와 그 주변 지역인 경상도를 중심으로 조성되던 것과
는 달리 전국적으로 분포되었다. 또한 거대한 석불들이 주로 조성된 것
이 특징적이다.[26]

　　고려는 삼국이나 통일신라와 마찬가지로 화강암을 소재로 한 석불
을 가장 많이 조성하였다. 여기서는 고려 석불을 바위와 불상과의 관계
를 중심으로 크게 조소적 표현을 지향한 작례와 자연 암석을 존중한 작
례로 나누고자 한다.

　　먼저 조소적 표현을 지향한 고려 석불의 작례는 통일신라 작풍의 전
통을 계승한 것이 많이 보인다. 작풍에 있어서도 비례와 균형을 갖추면
서 얼굴 생김이나 신체 부분 그리고 옷 주름 선 등에서 둥그스름함이 보
이며, 원만한 인상을 가진 불상들이 만들어졌다.

　　한편 자연 암석을 존중한 작례에서는 크게 마애불과 환조로 나눌 수
있다. 마애불에서는 바위 표면을 가공하여 상을 새긴 것, 바위의 자연스
런 면을 살린 것, 두부에 별석을 올린 마애불 등으로 분류해서 각 대표적
인 작례들을 고찰해 보고자 한다. 그리고 환조 불상으로는 풍부한 표현
을 지향했던 작례, 암석 본래의 이미지가 조소적 이미지보다 강한 작례,
불상에 특이한 옷 주름이 나타나는 작례 등으로 나눈다.

　　마지막으로 고려 석불이 새겨진 바위와 상과의 관계를 기록과 전승
을 중심으로 고려 석불의 석재관을 정리해 보고자 한다. 나아가 필자는

국사론』 4집, 1978, pp.401~403)

26　불상의 크기는 신체의 길이가 1장 6척(약 480㎝)인 장육상(丈六像), 그 절반인 반(半) 장육상, 사
　　람의 키와 같은 등신상(等身像), 일책수반불상(一磔手半佛像, 한 뼘 길이의 한 배 반), 장육상보다
　　큰 대불상 등으로 나눈다. 여기서는 장육상보다 큰 것을 거대 불상으로 부르고자 한다.

고려 석불의 표현과 그 표현 결과를 분석하여 고려 석불 근저에 흐르는 민족적 양식과 종교 미술 사상을 살펴보고자 한다.

(1) 조소적 표현을 지향한 작례 — 남원 만복사지 석조 여래 입상을 중심으로

먼저 조소적 표현을 지향한 작례를 살펴보면, 통일신라 전성기의 영향이 인정되지만 세부 표현에서는 통일신라의 작례들에 비해서 면상의 긴장감이나 신체부의 탄력성이 약해진 경향이 엿보인다. 이 상들은 광배와 대좌를 갖추고 있으며 좌상은 지권인과 항마촉지인, 입상은 통인(通印)인 경우가 많다. 대표적인 작례로는 다음과 같다.

봉화 천성사(千聖寺) 석조 여래 입상(높이 155cm, 경북 봉화)

중원 원평리 석조 여래 입상(높이 350cm, 충북 중원)

나주 철천리 석조 여래 입상(상 높이 385cm, 전남 나주)

논산 개태사 석조 삼존 입상[27] (본존 높이 415cm, 충남 논산)

청양 석조 삼존 입상(중존 높이 310cm, 충남 청양)

남원 만복사지 석조 여래 입상(상 높이 240cm, 전북 남원)

영암 도갑사 석조 여래 좌상(상 높이 220cm, 전남 영암)

강화 하첨면 석조 여래 입상(총 높이 326cm, 인천 강화)

---

27 논산 개태사(開泰寺) 석조 삼존 입상은 개태사의 창건(936년)과 함께 조성된 것으로 보고 있다. 삼존 모두 대좌와 광배(현재 결손)를 갖추고 있었고, 사찰의 주존(主尊)으로 안치되어 본래부터 조소성을 지향했던 석불로 볼 수 있다. 그러나 고려 초기에 조소성을 지향했던 석불 대부분이 통일신라 전성기의 전통을 계승하고 있어 이 삼존상과 같은 괴체감(塊體感)은 보이지 않는다. 또 크기는(본존 높이 415cm) 거상으로 분류할 수 있으나, 여기서 고찰하는 일련의 '자연의 암석을 존중했던 작례'와는 많이 다르다.

고려 석불의 조형과 정신 ——

거창 상동 석조 관음보살 입상(상 높이 305cm, 경남 거창)

예천 청룡사 석조 비로자나불 좌상(높이 111cm, 경북 예천)

청도 운문사 석조 여래 좌상(높이 63cm, 경남 청도)

특히 여기서는 남원 만복사지(萬福寺址) 석조 여래 입상을 중심으로 고찰하고자 한다. 이는 만복사지의 창건 연대에 관한 기록이 남아 있고, 또한 위의 작례 중에서 조형미를 평가할 수 있기 때문이다.

만복사지는 전북 남원시 왕정동(王亭洞)에 있다.도5 기록에 의하면 만복사는 고려 문종(재위 1047~1082년) 때에 창건되었다.[28] 절터에는 창건 당시 것으로 보이는 석조 대좌, 삼층 석탑과 함께 석조 여래 입상 1구가 남아 있다.[29] 하반신이 땅에 묻혀 있었으나 이제는 복원되어 보호각 속에 안치되어 있다.

이 상은 하나의 화강암으로 광배, 상, 대좌가 만들어졌다. 양 손은 결실되었으나 양 팔의 위치에서 통인으로 추정된다. 소발이며 둥근 육계가 돌출되어 있다. 법의는 통견이며 거신(擧身) 광배와 팔각 연화 대좌를 갖추고 있다.

이마는 좁고 눈썹은 꽤 두껍다. 입가에 미소를 머금고 있다. 귀는 크고 귓불이 어깨까지 늘어져 있다. 목 부분은 짧고 삼도를 가슴 부분에 나타내고 있다. 양 뺨이 약간 볼록하여 둥그스름함이 느껴진다.

---

28 "在麒麟山 東有五層殿 西有二層殿 殿內有石佛 長三十五尺 高麗文宗時所創."(『신증동국여지승람』, 39권, 「남원도호부불우만복사(南原都護府佛宇萬福寺)」) 또한 만복사는 백공산(百工山) 선원사(禪院寺)와 기린산(麒麟山, 蛟龍山) 대복사(大福寺)와 더불어 남원 비보사찰로 창건되었다.

29 김리나, 「고려시대의 석조 불상 연구」, 『고고미술』, 제166·167호, p.62;『국보』4권 – 석불, 죽서방, 1985, p.219

법의는 옷자락 끝이 양 어깨에서 뒤집혀 있으며 가슴은 넓게 열려 있다.[30] 옷 주름은 밑의 가슴 부분에서 위의 배 부분까지 네 가닥의 반원이며, 아래 복부에서 양 대퇴부에 이르기까지는 세 가닥의 V자형으로 나타내고 있다. 또 대퇴부에서 정강이 부분까지 각각의 다리에 타원형을 그리고, 정강이 부분에서 하나의 반원형으로 모으고 있다. 옷 주름 선의 간격은 일정하게 유지되었고 새긴 자국은 얕은 음각의 선으로 도식화가 보인다. 옷이 몸에 밀착되어 허리의 굴곡과 양 다리를 구분하고 있지만 동체(胴體)의 볼륨은 느껴지지 않는다.도6

광배의 문양은 보기 드문 것으로 주목할 만하다. 거신 광배는 두광과 신광을 두꺼운 이중선으로 구별하고 있다. 두광은 중심에 연화문을 돌출시키고 그 주변에는 얇은 부조로 두 가닥의 연꽃 줄기를 배치하고 있다. 그 줄기와 잎이 마치 바람에 날려 흔들리는 것 같다. 또 그 주위에 화불 2구씩과 화염 문양을 배치하였다.[31]

한편 이 상에서 특히 주목되는 점은 다음의 세 가지이다. 첫째는 자연의 암석을 존중했던 작례와 다르다는 점이다. 둘째는 통일신라 전성기의 양식과 유사한 부분이 있다는 점이다. 그리고 셋째는 통일신라 전성기의 양식과는 분명히 차이가 나는 부분 또한 보인다는 점이다.

먼저 자연의 암석을 존중했던 작례와 다른 점은, 당연한 일이지만 잘라낸 석재를 가공하고 있다는 것이다.[32] 즉 암석 본래의 모양이나 면과는

---

30 통일신라 말기로 추정되는 남원 신계리 마애 여래 좌상(총 높이 340cm)의 왼쪽 어깨의 옷 주름도 만복사지상처럼 뒤집혀 있다.

31 광배 뒷면에 선각으로 여래 입상이 새겨져 있다. 그 전체적인 모양과 표현은 이 석조 여래 입상과 유사하여 같은 시기의 작으로 추정된다.

32 여기서 '자연의 암석을 존중한 작례'란 원래의 석재 모양을 가능하면 살리고자 했던 환조상을 가리킨다. 이 작례들은 대부분 인체의 비례를 무시하고 있다.

관계없이 상의 조형을 표현하는 것에 전념하였다. 돌은 어디까지나 상을 만들기 위한 재료이며 그 이상의 의미는 보이지 않는다.

다음으로 통일신라 전성기의 양식과 유사한 점으로는 옷 주름에 주목하고 싶다. 앞에서 말한 것처럼 이 상의 옷 주름 표현은 통일신라 전성기의 작례에서 자주 보이는 것과 같다. 예를 들면, 경주 굴불사지 사면 석불의 남면에 있는 여래 입상[8세기 중엽]과 경주 선산(善山) 출토 금동 여래 입상[8세기, 높이 40.3cm, 국립중앙박물관 소장]에서 볼 수 있다.도7 통일신라 작품 중 특히 금동 입상에서 자주 보이고 있는 옷 주름을 정리해 보면, 크게 두 가지 형식으로 분류할 수 있다.[33]

첫 번째는 옷 주름이 흉부 윗부분이 보일 만큼 열려 있고 아래 흉부 밑에서부터 옷 주름이 반원을 그리며 길게 정강이 부근까지 떨어진다. 그 밑에 치마를 입고 있다.도8 두 번째는 옷 주름이 흉부 윗부분이 열려 있고 흉부 밑에서 허리 부분까지 여러 가닥의 반호(半弧)를 그리고 양 대퇴부에서 양 정강이에 걸쳐서 2개의 줄기가 생기고 나아가 호를 그려 타원형으로 새기고 그 끝을 모으고 있다. 대의 밑에 치마를 입고 있다.

만복사지 석조 입상의 옷 주름은 두 번째의 형식을 따르고 있다. 또 봉화 천성사 석조 여래 입상[34]도 이것에 속한다.도9 한편 첫 번째의 형식

---

33 위의 두 가지 형식에, 대의 속에 조금(條帛)을 왼쪽 어깨에서 오른쪽 겨드랑이로 비스듬히 걸치고 있는 것과 복3부에 띠를 매고 있는 것 등 네 가지로 분류하고 있다.(김리나, 「경주 굴불사지의 사면 석불에 대하여」, 『한국 고대 불교 조각사 연구』, 일조각, 1995, pp.252~255; 中吉 功, 『新羅 · 麗の仏像』, 二玄社, 1971, pp.233-234)

34 천성사 인근의 폐사지에서 옮겼다. 상의 높이는 155cm이며 등신상보다 약간 작다. 양 손은 없어졌으나 시무외, 여원인으로 추측할 수 있다. 소발이며 통견을 걸치고 있다. 재료는 화강암이며 한 개의 돌로 조성되었다. 두부의 육계나 면상에서 둥그스름함이 느껴진다. 상은 통일신라 전성기의 금동 입상의 양식을 충실하게 계승하고 있다. 그러나 옷 주름이 두꺼워 몸을 꽉 조이지 않고, 또 치마를 입고 있는 무릎 아래의 표현도 빈약하다.

도5 만복사지 전경, 전북 남원

도6 만복사지 석조 여래 입상, 고려, 높이 240cm, 전북 남원

도7 선산 출토 금동 여래 입상, 통일신라 8세기, 높이 40.3cm, 국립중앙박물관 소장

도8 금동 약사여래 입상, 통일신라, 높이 36cm, 미국 보스턴 미술
관 소장

도9 천성사 석조 여래 입상, 고려, 높이 155cm, 경북 봉화

을 취하고 있는 상은 중원 원평리 석조 여래 입상,[35] 나주 철천리 석조 여래 입상도10[36], 국립공주박물관 정원에 있는 석조 여래 입상[머리 부분 결손], 청양 석조 삼존 입상의 본존 등이 있다.[37]

마지막으로 통일신라 전성기의 양식과 다른 것을 살펴보면, 목 부분이 짧고, 양 어깨에서 옷 주름이 뒤집혀 있다. 그리고 옷 주름의 새긴 자국이 얕고 늘어지는 옷 주름에서 도식화가 보이며, 가슴과 허벅지의 팽창도 없다.

고려의 조소적 표현을 지향했던 작례는 일반적으로 통일신라 작례에 비해 한층 조형미가 떨어진다. 그러나 앞의 남원 만복사지 석조 입상, 중원 원평리 석조 입상, 나주 철천리 석조 입상, 청양 석조 삼존 입상 등은 주로 통일신라의 금동 입상을 모델로 하여 조성된 것으로 여겨진다. 아마도 작은 상을 큰 상으로 옮겼기 때문에 두부 크기의 비례가 맞지 않고 몸체 부분이 약하게 느껴지는 하나의 요인이 된 것으로 추정된다.

---

35 이 상이 발견되었던 원평리 사지의 인근에 고려 광종 5년(954)에 창건되었던 국찰 숭선사지(崇善寺址)가 있다. 이로 미루어 보아 이 일대는 고려 초부터 불사가 활발하게 행해졌음을 알 수 있다. 이곳은 지리적으로도 개경과 남경[현재 서울]을 통하는 육로였다. 상의 높이가 350㎝나 되는 거상이다. 오른손을 가슴 앞에, 왼손은 내려서 배 부분에 대고 있다. 소발이며 통견이다. 재료는 화강암을 쓰고, 팔각 천개와 발을 제외하고 하나의 돌로 만들어져 있다. 두터운 귀, 눈의 날카로운 선[눈초리], 굳게 다물고 있는 입술 등의 얼굴 표정과 옷 주름의 표현에서 통일신라 불상의 영향이 강하게 보인다. 전체적인 인상은 통일신라 불상이 조금 비만해진 것 같다. 한편, 두부가 체부보다 크고 머리와 몸체 모두 약간 과도한 느낌으로 땅딸막하고, 두꺼운 옷 주름 때문에 양 다리의 구분이 없다. 팔각에 8엽 연화가 장식된 천개가 머리 위에 올려져 있는 것은 새로운 형식이다.

36 이 상의 수인은 시무외, 여원인이다. 소발이며 통견이다. 재료는 화강암이며 한 개의 돌로 만들어져 있다. 수인과 옷 주름에서 통일신라 전통이 보인다. 한편 거대화, 체부에 비해 두부가 크고, 방형의 면상, 굵은 목 부분, 넓은 어깨, 도식화된 옷 주름의 표현 등에서는 새로운 경향도 엿보인다.

37 본존은 시무외, 여원인이다. 소발이며 통견이다. 재료는 화강암이며 광배와 대좌까지 한 개의 돌로 만들었다. 현재는 두 개의 부분으로 파손되어 있다. 두부와 체부의 비례, 옷 주름의 표현 등에서는 통일신라 영향이 보인다. 그러나 전체적으로는 편평한 느낌이다.

도10 철천리 석조 여래 입상, 고려, 높이 385㎝, 전남 나주

그러나 상에 예배하는 입장에서 보면, 가장 시선이 쏠려 불상의 마음이 직접적으로 보인다고 여겨지는 얼굴을 크게 만드는 것은 상의 인상을 강하게 하는 효과를 가져 오는 유효한 수법 중의 하나이다. 그리고 이는 적극적으로 상을 조성하고자 했던 의욕이 만들어 낸 것이기도 하다. 다시 말하면 조소 예술에 대한 의욕을 자제하고 종교 존상의 방향으로 나간 것이라고 말할 수 있다.

(2) 자연의 암석을 존중한 작례

자연의 암석을 존중한 작례는 조소적 표현을 지향했던 작례에 비해 확실하게 조형 표현에서 순수성을 잃었던 점은 인정해야 한다. 그러나 이것들은 석재 본래의 모양이나 면을 살려 그곳에 자연의 조화에 대한 숭배가 융합해 있음도 볼 수 있다. 따라서 자연의 암석을 존중한 작례를 고찰하는 작업에서는 우선 형식적인 공통점을 파악하고 그 속에 감추어져 있는 조성 원의(願意)를 찾을 필요가 있다.

이를 위해서는 작품으로서의 불상에 대한 과감한 관점의 전환이 필요하다. 즉 조형 예술로만 불상을 보고자 하면 불상을 만들고자 했던 원래의 진실이 보이지 않는다. 이렇듯 관점을 바꾸어서 비례와 균형이 잡혀 있지 않은 작례라 할지라도 그곳에 나타나 있는 조형 의도를 바르게 읽어야만 한다.

먼저 자연의 암석을 존중한 작례는 마애불과 환조상으로 분류할 수 있으며, 그 어느 쪽도 표현 기법은 다양하다. 여기서는 석재와 상의 형태와의 관계를 중심으로 다음과 같이 네 가지로 분류하여 그 특색을 고찰

해 보고자 한다.[38]

1) 바위 표면에 평면 가공을 한 마애불의 작례

2) 바위의 자연스런 면을 살린 마애불의 작례

3) 두부에 별석을 더한 마애불의 작례

4) 자연석의 모양을 살린 환조의 작례

1) 바위 표면에 평면 가공을 한 마애불의 작례

 – 북한산 승가사 마애 여래 좌상과 유사한 상

바위 표면에 평면 가공을 한 마애불이란, 원래 평평한 바위 면에 어느 정도 바위 면을 깎아서 불상을 부조 또는 선각으로 새긴 것을 말한다. 대표적인 것은 북한산 승가사 마애 여래 좌상이다. 또 이것과 유사한 작례로는 영암 월출산 마애 여래 좌상, 보은 법주사 마애 여래상, 하남 교산동 태평(太平) 2년명 마애 약사여래 좌상, 서울 삼천사지(三川寺址) 마애 여래 입상, 홍성 신경리(新耕里) 마애 여래 입상, 나주 철천리 7불의 마애 입상과 좌상, 괴산 원풍리(院豊里) 마애 여래 좌상 2구 등이 있다. 여기서는 북한산 승가사 마애 여래 좌상을 중심으로 고찰하고, 다음으로 이와 유사한 상들에 대해서 살펴보고자 한다.

---

38 여기서의 분류는 필자의 실제 조사를 바탕으로 이루어진 것이다. 이 분류 속에는 고려 시대의 마애불과 석불이 전부 망라된 것은 아니다. 이 속에 포함되지 않은 작품들은 이후 조사를 통하여 보완해 나가고자 한다.

① 북한산 승가사 마애 여래 좌상

이 상은 북한산 정상 가까이에 있는 승가사 뒤쪽 거대한 화강암의 남쪽 면에 새겨져 있다. 상의 높이는 5m이다.[39] 우선 상이 새겨져 있는 바위 면은 옆이 긴 장방형(長方形)이다. 상은 바위 면의 중심에 위아래 가득하게 표현되어 있다. 바위 면의 좌우에 균등하게 여백을 만들어 전체적으로 균형을 유지하고 있다.도11

나아가 광배를 경계로 해서 바위 바탕을 얇게 깎아 내면서 존용(尊容)을 부각시키고 있다. 또 광배의 윗부분과 상의 양쪽 어깨 부분에 각각 사각형의 두 개의 구멍이 남아 있다. 이것은 목조 전실을 만들었던 흔적 같다. 광배의 바깥 양쪽에는 세로로 가늘게 홈을 파서 빗물이 흘러내리도록 되어 있다. 그 때문인지 상의 보존 상태가 양호하다.

먼저 상의 형식을 보면 소발이며 커다란 육계가 있다. 법의는 편단우견이며 수인은 항마촉지인을 하고 있다. 그리고 천개(天蓋)와 심플한 광배, 연화좌 등을 갖추고 있다.

표현 기법을 보면, 두부는 약간 고부조이며 어깨 이하는 거의 선각에 가까운 얇은 부조이다. 신체의 세부 표현과 옷 주름 선은 선각이다. 연화좌는 일정한 두께를 유지하면서 부각시켜 사생적(寫生的)인 묘사를 하고

---

39 승가사는 신라 경덕왕 15년(756) 낭적사(狼跡寺) 승려 수대(秀台)가 삼각산 남쪽에 암벽을 개착하고 굴을 만들어 승가 대사의 모습을 각석모형(刻石模形)했다는 기록이 있다.("在三角山高麗李傲重修記有云, 按崔致遠文集, 昔, 有新羅狼跡寺僧秀台, 飮聆大師之聖跡, 選勝于三角之南面, 開巖作窟, 刻石模形大師道容, 益照東土, 國家如有乾坤之變, 水旱之災禱以禳之, 無不立應"[『신증동국여지승람』, 3권, 「漢城府佛宇僧伽寺」]. 또 고려 현종 15년(1024)에는 지광(智光), 성언(成彦)이 승가 대사의 도용을 조성했다고 한다.("太平四年甲子歲秋月巽開 □□□ 棟梁釋智光 副棟梁釋成彦 磨□者釋光儒 釋慧 □□□載□□□丘."[「造像光背記」]. 이처럼 승가사와 승가 대사의 존상에 대한 기록은 보이지만 마애불에 관한 직접적인 기록은 발견되지 않는다. 마애불의 조성 연대는 10세기경으로 추정되고 있다.(진홍섭, 「서울 근교의 마애불」, 『향토 서울』 40호, 1982, p.11)

도11 승가사 마애 여래 좌상, 고려, 높이 500㎝, 서울 구기동

도12 승가사 마애 여래 좌상 얼굴과 천개

있다. 즉 두부에서 신체 부분까지 부조의 두께가 점점 얇아지고 있다. 그리고 상이 남쪽에 있어 오른팔의 안쪽[동쪽], 동체(胴體)의 왼쪽[동쪽], 왼팔의 바깥쪽[동쪽]의 부조 윤곽선이 서쪽보다는 뚜렷하기 때문에 태양이 서쪽에 있을 때는 신체 각 부분의 동쪽에 뚜렷한 그림자가 생겨 입체감이 느껴진다.

두부에서 가슴까지는 쭉 뻗음도 있으며 양 어깨 부분도 넓고 당당하다. 결가부좌한 하반신은 무릎 높이는 낮지만 무릎 폭은 넓어 전체적으로 힘을 주고 긴장하고 있는 듯이 느껴진다. 오른팔은 어색하며, 항마촉지인의 오른손은 무릎 위에서 손목이 굽어 있다. 또 왼쪽 무릎이 조금 들려 있으며 전체적으로 오른쪽으로 조금 기울어져 있다. 그리하여 오른손으로 오른쪽 무릎을 강하게 누르고 있는 것을 표현하고 있으며, 그 때문에 오른쪽 손목이 굽은 것으로 여겨진다. 왼손도 무릎 위에 자연스럽게 놓여 있지 않고 힘을 주고 조금 들려 있다. 결국 양 손과 양 무릎의 표현은 당당하게 표현된 어깨와 더불어 상 전체에 힘이 넘치는 긴장감을 느끼게 해 준다.

두부의 표현을 보면 면상은 폭이 넓으며 특히 양 뺨과 턱의 폭이 넓어서 비만감이 강하다. 눈썹은 한 가닥의 음각 선을 넣어 둥글게 그리고 있다. 반쯤 뜬 눈은 눈초리가 날카롭게 새겨져 있어 위엄이 있는 분위기를 만들고 있다. 코는 듬직하게 표현되어 입술과 함께 윤곽선을 확실히 나타내고 있다. 입술만 채색을 한 것 같다. 귀는 서 있는 귀[立耳]로 긴 귓불이 목 부분까지 늘어져 있다. 턱 밑에는 가느다란 선을 넣어 얼굴의 비만을 강조하고 있다. 짧게 표현된 목 부분은 광배와 거의 구분이 가지 않을 정도로 드러남이 미미하며 삼도는 선각이다. 힘을 주어 부자연스러워 보이는 신체 부분과는 달리, 눈초리의 날카로운 선, 콧날, 입술의 선명한 선 등의 표현은 자연스럽고 섬세한 편이다.도12

체부의 표현을 보면 오른쪽 가슴에 있는 유두를 두 가닥의 원으로 나타내고 왼쪽도 옷 밑에 유두가 희미하게 보인다. 그리고 왼쪽 어깨에서 오른쪽의 가슴 방향으로 흐르는 옷자락 끝을 한 번 접고 있는 점, 오른쪽 가슴 밑에 몇 개의 간단한 옷 주름 그리고 왼팔에 걸쳐 있는 옷 주름, 무릎의 세로 옷 주름 선 등에서는 물론 형식화가 진전되어 있으나 석굴암 본존을 포함해 통일신라 불상의 영향이 남아 있다.

두부 위에 있는 천개석(天蓋石)은 팔각의 다른 돌로 만들어 연화를 새겨서 암벽에 끼워 넣고 있다. 각 모서리에는 풍탁(風鐸)이 걸려 있었으나 현재는 두 개만 남아 있다. 또 앞에서 말한 것처럼 광배 윗부분과 상의 양쪽 어깨 부분의 구멍은 목조 전실의 흔적으로 추측할 수 있다. 천개석에서 유추해 보면, 아마도 목조 전실은 당(堂)으로 만들어졌을 가능성이 높다. 즉 원래 천개는 본존 위 천정 중앙에 장식되었던 것이다. 그러나 마애불의 경우는 이처럼 바위 면에 직접 꽂고 그 위에 간단한 목조 전실을 설치하여 일종의 임시 당이나 작은 사원의 개념으로 생각했던 것이다. 특히 천개석에 새겨져 있는 자방(子房)과 연잎의 묘사가 뛰어나다.

천개석이 바위 면에 직접 꽂혀 있는 예로는 문경 대승사 묘적암(妙寂庵) 마애 여래 좌상이 있다. 또한 상의 머리 위에 직접 올린 예로는 논산 관촉사 석조 보살 입상이 있다. 이러한 형식의 천개는 이전에는 보이지 않았다. 이후 고려시대 거대 석불의 머리 위에 직접 올린 별석의 개석(蓋石)을 이해하는 데 시사하는 바가 크다. 이에 대해서는 '자연석의 모양을 살린 환조의 작례'에서 살펴보고자 한다.

도13 월출산 마애 여래 좌상, 고려, 높이 860㎝, 전남 영암

한편 대좌는 꽃잎 안에 장식이 있는 한 겹 앙련(仰蓮)과 반화(反花)가 계속 이어지고 있다. 반화는 좌우로 갈수록 사선 형으로 잎 끝이 반전되면서 움직이고 있는데, 그 모양을 아름답게 나타내고 있다. 대좌는 장대한 불신에 어울리게 크고 화려하다.

　② 영암 월출산 마애 여래 좌상

　영암(靈岩)의 월출산(月出山)은 자연경관이 뛰어나며, 산 전체가 화강암의 기암괴석으로 되어 있다. 산 주변에는 삼국시대부터 고려시대에 이르기까지 여러 사찰들이 건립되었다. 특히 월출산 기슭에 있는 도갑사(道岬寺)는 비보사탑설의 종조로서 숭배되어 온 도선 국사가 머물렀던 곳이며, 현재도 국사와 관련이 있는 유적 몇 개가 남아 있다.[40] 또 영암 지방은 인근의 나주 지방과 함께 예부터 중국과의 교통의 요지였다.[41]

　마애 여래 좌상은 도갑사에서 4.6km 떨어진 곳에 조성되어 있다. 도갑사에서 올라가다 보면 억새밭으로 유명한 미왕재를 지나 구정봉(九井峯)에 이르고 여기서 다시 서북쪽 500m 아래쪽에 있다. 구정봉에서 상까지 가는 길은 아주 가파르고 험하다. 이곳에는 상을 중심으로 상과 마주 보는 방향으로 약 120m 떨어진 곳에 삼층 석탑이 있고, 상 아래쪽으로 120m를 내려가면 용암사지(龍巖寺址)와 삼층 석탑이 나온다.[42]

40　도갑사는 도선 국사의 창건으로도 알려져 있으며 도선 국사의 석비와 영정이 있다.(성춘경 외, 『도선 국사와 한국』, 대한전통불교문화연구원, 1996)

41　영암 지방은 경기도 남양만과 함께 삼국 통일 후 일찍부터 대당 교통의 관문이었다. 그리하여 당에 들어가는 사신의 배나 상선이 이곳을 통하여 왕래하였다. 특히 하대에 들어서서 당에 갔던 유학생이나 유학승이 이곳을 통해 귀국했다는 사실은 이 지방이 당의 문화를 수입하는 문화적인 선진 지역임을 보여 준다.(최병헌, 앞의 논문, p.109)

42　상이 새겨진 곳에서 바로 밑으로 가파르게 내려가면 300여 평 정도의 용암사지가 있으나 현재는

상은 커다란 바위 면 전체를 감형(龕形)으로 약간 파서 그 면 가득하게 존상(尊像)을 새기고 있다. 전체 높이는 8.6m이며, 상 높이는 7m이다. 상은 북서쪽을 바라보고 있으며, 그 산 멀리 아래는 나주평야인 넓은 들판이다.

먼저 두부는 환조에 가까운 고부조이며 몸체 부분에 비해 크게 설정되어 있다. 몸체 부분은 두부 정도는 아니지만 일정한 두께를 유지해 도드라지게 하였다.

상은 소발이며 커다란 육계가 있다. 법의는 편단우견이며 수인은 항마촉지인을 맺고 있다. 광배와 상현좌(裳懸座)를 갖추고 있으며 상의 오른쪽 아래 부분에 작은 상이 부조되어 있다.도13

상의 전체 비례를 보면, 얼굴과 상반신이 크고 특히 양 팔이 길고 두 손이 크다. 가슴이 강조되고 그에 반해 허리는 가는 편이다. 무릎은 폭이 낮아 빈약한 느낌이 들지만 오른발을 크게 나타내고 있다.

상의 표현을 보면 면상은 방형에 가깝고 비만감이 든다. 눈썹은 융기선으로 길게 나타내고 있고, 눈초리도 역시 음각으로 길게 넣고 있다. 코는 적당하며 입술도 알맞은 크기이다. 귀는 서 있는 귀로 얼굴 양쪽에 평면적으로 붙어 있어 사실적이지 않으며, 귓바퀴가 굵고 귓불은 어깨까지 처져 있다. 턱 밑에 가느다란 선을 넣고 있으며 목 부분은 짧게 처리되어 있고 삼도는 선각으로 가슴 윗부분에 나타내고 있다. 얼굴 표정에서는 커다란 눈과 굳게 다물고 있는 입 때문에 근엄한 분위기가 느껴진다.

풀만 무성하다. 절 터 건너편의 작은 언덕 위에 삼층 석탑이 있다. 삼층 석탑으로 올라가는 작은 돌계단이 눈에 띈다. 1955년 '용암사'라고 쓰인 기와가 출토되어 『동국여지승람』에 기록된 용암사임이 확인되었다. 그리고 1966년 무너진 석탑을 보수할 때 백자 사리호 1점, 금동 보살 좌상 1점, 청자 대접 1점, 사리 32과, 철편 11점 등이 수습되었다.

오른쪽 어깨를 드러낸 편견우단의 형식을 한 법의의 표현을 보면, 오른쪽 겨드랑이의 옷 주름이 너무 꽉 끼어 답답해 보인다. 이 때문에 상반신이 더욱 위축되어 보이기도 한다. 가슴의 옷 주름 선은 음각으로 간단히 처리하고 있다. 반면에 왼팔의 손목 부근의 옷 주름과 무릎 밑으로 흘러내리는 옷 주름은 융기선이며 섬세하게 표현되어 있다.

한편 오른팔은 동체에서 떨어져 조금 굽어 있으며 오른손은 지나치게 커서 무릎을 덮고 손가락은 무릎 밑까지 내려와 있다. 또 왼팔에는 힘이 들어가 있어 팔꿈치를 뻗치고 있다. 왼손도 무릎 위에서 조금 떨어져 있고, 손가락 하나하나에도 힘이 들어가 있다. 긴 팔과 큰 손의 처리 때문에 몸 전체에 힘이 넘쳐 긴장감이 느껴지며, 또한 허리에 힘을 주고 앉아 있는 것처럼 허리가 가늘게 처리되어 있다.

광배는 암벽 자체에 두광과 신광을 음각으로 새기고 연화문, 당초문, 화염문 등으로 화려하게 장식되어 있다. 오른쪽 아래 공간에 작은 상이 새겨져 있고 오른손에 보병처럼 보이는 지물을 들고 있으며, 얼굴은 앳된 모습이다.

임시 누각의 설치를 위해 바위 면에 구멍을 낸 흔적이나 상 앞에 단을 설치한 흔적도 없다. 그리고 지면에서 상이 새겨진 바위까지의 공간이 2m 정도 여백이 있다.

이상과 같이 월출산 마애 여래 좌상은 수인과 법의의 표현에서 통일신라 불상의 영향이 보인다. 동시에 방형의 얼굴 생김, 위엄 있는 표정, 몸 전체의 박력이 있는 표현 등에서는 고려시대의 새로운 작풍도 보인다. 이는 이미 서울 북한산 승가사 마애 여래 좌상에서도 보이는 경향이다. 특히 손과 발의 표현, 흘러내리는 옷자락, 양 팔꿈치의 표현, 광배의

도14 월출산 마애 여래 좌상 원경

문양 등에서는 상의 보이지 않는 신력(神力)이 느껴진다.

또 하나 주목하고 싶은 것은 상이 새겨진 장소이다. 상은 도갑사에서 2시간 이상을 걸어야 하며 다시 구정봉에서 험난한 길을 따라 내려와야 한다. 이정표가 없으면 찾기 어려울 만큼 은밀한 곳에 위치하고 있다. 그리고 상 앞에는 개인이 예배할 수 있는 작은 공간만이 있을 뿐이다. 즉 상과 예배자의 일대일 교감이 있을 뿐이다.

여기서 주목하고 싶은 것은 앞에서 말한 것처럼 상에서 120m 떨어져 있는 삼층 석탑 앞에서 보면, 그곳이 바로 상이 정면으로 보이는 위치이다.[43] 탑 앞에서 보면 상은 은둔의 모습은 없어지고, 산 전체 속에서 선명하게 나타난다. 그리고 불상과 탑이 일직선을 이루는 구조는 평지 사원에서 탑 뒤에 금당[불상]을 안치하는 일반적인 가람 배치 형식이다. 이런 평지 사원 형식을 빌려 제약된 공간을 적극적으로 뛰어넘어 산 전체를 하나의 사원으로 보고 상과 탑을 조성한 것이다. 멀리 떨어진 탑에서 보면, 상의 정면과 예배자의 눈높이가 맞으며, 상의 비례도 좋다. 이처럼 상의 조성도 공간의 구성도 이중적인 성격을 가지고 있다.도14

마지막으로 영암은 일찍부터 중국과의 교통의 거점지이며 고려시대에는 군사적으로도 중요한 지역이었다. 나아가 통일신라 말기에 활약했던 도선 국사와 관계가 깊은 지역인 점도 강조하고 싶다.

③ 보은 법주사 마애 여래상

상은 법주사 경내에 들어서면 거대한 암석들이 있는 곳의 가장 안쪽

---

43 삼층 석탑의 기단은 원래의 자연석을 이용하고 그 위에 탑신을 올리고 있다. 이런 형태는 대흥사 북미륵암 앞의 탑과 같은 형태이다.

의 바위에 새겨져 있다. 이 암석은 인접해 있는 몇 개의 바위와 겹쳐 있고 오른쪽은 동굴처럼 되어 있다.[44] 상의 오른쪽 깊숙한 곳에는 법주사의 창건 설화와 관련 있는 장면이 선각으로 새겨져 있다.[45] 또 상의 오른쪽 앞의 바위 면에도 선각으로 지장보살 좌상이 새겨져 있다.도15

상의 높이는 5m이며, 커다란 연꽃의 한가운데 앉아서 설법인(說法印)을 맺고 있다. 바위의 본바탕은 표면을 거칠게 깎고 있다. 두부는 체부에 비해서 조금 크게 나타내고 있다. 목 부분에서 이어지는 어깨는 그다지 넓지 않다. 상반신은 전체적으로 가늘고 허리도 잘록하다. 하반신은 상반신에 비해 짧게 보인다. 하반신이 짧은 것은 연꽃 위에 바로 앉아 있는 것이 아니라 연꽃 속으로 깊숙이 앉아 있기 때문이다. 즉 대퇴부가 짧고, 무릎 위치가 높게 된 것도 허리의 위치가 낮아졌기 때문이다.

이 상의 경우도 전체적으로 긴장감이 느껴진다. 그것은 힘이 들어가 위로 올라가 있는 눈초리, 발가락의 표현, 가볍게 흔들리고 있는 옷자락 등의 표현에서 볼 수 있다.도16

한편 이 상의 표현 기법에서 한 가지 주목하고 싶은 것은, 본바탕의 깎는 방식과 상반신과 하반신의 표현 기법이 약간 다른 점이다. 우선 상을 도드라지게 하기 위해 주변부터 깎아 들어간 바탕은 상 주위의 여백을 세로 방향으로 거칠게 깎고 있다.[46] 나아가 두부와 상반신 부분의 바

---

44 법주사 금강문을 들어서면 왼쪽에 커다란 암석들이 있다. 전승에 의하면, 이 암석들은 원래 절의 뒤쪽 수정봉에 있었던 것이다. 그러나 산신의 허락 없이 마음대로 자리를 바꾸었기 때문에 원한을 사서 현재의 위치에 떨어졌다. 그리하여 이 바위들은 추래암(墜來岩)으로 불리기도 한다.

45 법주사의 창건자인 의신(義信) 조사가 불경을 싣고 오는 것을 본 소가 불법을 구했다고 하는 장면을 선각으로 나타내고 있다.

46 이처럼 상 주위의 바위 면 전체를 거칠게 깎고 있는 것은 통일신라의 마애불의 표현에서도 보인다.

도15 속리산 수정봉과 추래암 모습

도16 법주사 마애 여래상, 고려, 높이 500cm, 충북 보은

탕은 섬세하게 깎고, 하반신과 연화좌 부분은 보다 거칠게 깎고 있다. 다음은 두부와 상반신은 두꺼운 부조이며, 하반신 이하는 얇은 부조로 새겨져 있다. 이 때문에 상반신의 윤곽선이 뚜렷하고 그림자가 생기면 더욱 입체감이 느껴진다. 즉 이러한 바위 바탕은 상의 표현 기법에 따라 허리 부분을 중심으로 하여 하반신보다 상반신을 더욱 선명하게 표현하기 위해 궁리한 것임을 알 수 있다.

④ 하남 교산동 태평(太平) 2년명 마애 약사여래 좌상

이 상은 경기도 하남시 교산동에 소재하고 있다. 계곡을 오르면 근래에 세운 사찰이 있고 그 안쪽에 작은 폭포와 광천수가 나오는 약수터가 있다. 그 옆에 삼각형 모양으로 생긴 커다란 바위가 있으며, 상은 그 윗부분에 새겨져 있다.도17

바위 면은 상을 새기기 위해 깨끗하게 정리되어 있다. 바위 바탕에서 상의 주위를 얕게 깎아 가면서 상이 도드라져 보이게 하고 있다. 머리와 몸체 부분 및 대좌는 얇은 부조이다. 그리고 상의 어깨선과 옷 주름 선, 두광, 신광, 연화좌의 연잎 끝 등은 융기선이며, 이로 인해 상의 윤곽이 확실하게 보인다.

상의 크기는 93cm이며, 다른 마애불에 비해 작은 편이다. 상은 소발이며 육계가 있다. 법의는 편단우견이다. 광배와 대좌를 갖추고 있으며, 왼손에 약함이 있어 약사여래임을 알 수 있다.

상의 표현을 보면, 먼저 얼굴은 조금 길다. 눈은 얇게 뜨고 있으며 입 주변에 미소를 머금고 있다. 목 부분은 거의 보이지 않고 삼도도 없다. 어깨는 둥근 감이 있으며 양 팔도 동체에서 떨어져 자연스런 느낌이다.

도17 태평 2년명 마애 약사여래 좌상, 고려 977년, 높이 93cm, 경기 하남

왼쪽 어깨에서 옷깃이 한 번 접혀 있으며 옷 주름은 자연스럽게 늘어져 있다. 가슴은 윤곽선을 넣어 강조하고 있다. 양 발은 옷자락에 덮여 보이지 않는다.

두광과 신광은 3중의 융기선으로 나타내고 바깥에 간단한 화염문이 새겨져 있다. 광배 융기선 사이의 본바탕이 조금 거칠어 광배의 융기선이 더 깨끗하게 보인다. 대좌는 다른 마애불에서는 보이지 않는 형식이다. 즉 방형의 반화(反花) 위에 이중의 석대가 있고 그 위에 네 개의 기둥이 상대석을 받치고 있다. 상대석 위에 방형의 앙련이 사실적으로 잘 표현되어 있다. 각 꽃잎에는 화문(花紋)이 배치되어 있다. 커다란 방형의 연화좌에 조금 작아 보이는 좌상이 가볍게 떠 있는 것 같다.

이처럼 이 약사여래 좌상은 앞에서 살펴본 마애불들에 비해 훨씬 작다. 그리고 상을 새기기 위해 바위 면을 깨끗하게 정리하고, 얇은 부조와 융기선과 같은 세밀한 조각 기법을 써서 상을 선명하게 표현하고 있다. 또한 상은 전체적으로 균형이 좋으며 부드러운 이미지이다.

한편 오른쪽 바위 면에 "태평 2년 정축 7월 29일 고석(太平二年丁丑七月二九日古石) 불재여사지중수위금상(佛在如賜之重修爲今上) 황제만세원(皇帝萬世願)"이라는 명문이 새겨져 있다. 여기서 말한 태평 2년은 송 태종의 태평흥국 2년 정축이며, 고려시대 경종(景宗) 2년인 977년에 해당한다.[47]

---

47 명문이 새겨져 조성 연대를 알 수 있는 다른 예로는 이천 태평 흥국(太平興國) 6년명 마애 보살 반가상(981년)과 고령 개포동 옹희(雍熙) 2년명 마애 관음보살 좌상(985년)이 있다.

⑤ 서울 삼천사지 마애 여래 입상

삼천 계곡을 올라가다 보면 근년에 세워진 삼천사가 있다.[48] 그 절의 안쪽 계곡에 암석이 병풍처럼 서 있다. 바위 면이 평평한 거대한 바위가 서남쪽을 바라보고 있으며 중간 정도에 커다란 바위가 겹쳐 있다. 암석이 겹쳐진 밑의 바위 면에 상이 새겨져 있다. 마치 위로 겹쳐져 돌출한 부분이 지붕 역할을 하고 있는 듯하다. 두광 위는 옆으로 홈을 파서 빗물이 상에 떨어지지 않도록 고안되어 있다. 양 어깨 부분에 네모난 구멍이 파여 있어 목조 전실이 있었음을 알 수 있다.

상은 바위 면의 상하 가득하게 새겨져 있다. 전체 높이는 3m 정도이며, 상의 높이는 2.6m이다. 두부와 상반신은 얇은 부조이다. 두광, 신광, 대좌, 하반신의 옷 주름 등은 융기선으로 표현되었고, 상반신의 양 팔의 옷 주름은 음각이다. 현재는 상의 몸체 선과 광배, 대좌의 선에 금박이 입혀져 있다.도18

머리 부분에 비해 몸체는 긴 인상을 주고 손과 팔 및 다리는 조금 크게 표현되어 있다. 목 부분은 머리 부분과 같은 폭이며 삼도는 꽤 넓다. 얼굴 생김은 부드러운 원형이다. 눈은 한 가닥 음각의 선을 넣어 반쯤 뜨고 있으며 눈초리는 길게 늘어져 귀까지 닿아 있다. 코는 짧고 둥그스름하다. 양 뺨은 조금 볼록하며 입술 주위는 조금 파서 입과 눈의 표현과 더불어 미소를 머금고 있는 듯하다. 귀는 타원형으로 조금 정합성(整合性)

---

48 고려시대의 삼천사지는 현재의 삼천사보다 상류에 위치해 있었다. 삼천사지에 대한 기록은 다음과 같다. "三川寺在三角山, 有高麗李靈幹所撰碑銘."(『신증동국여지승람』, 3권, 「한성부불우(漢城府佛宇)」). "高麗顯宗十八年(丁卯)六月癸未(十四日) 楊州秦 庄義 三川 靑淵等寺僧 犯禁釀酒 共米三百六十余石 請依律斷罪 從之".(『고려사』, 5권, 「현종(顯宗)」) 이러한 기록에 의하면 삼천사는 고려 현종 18년(1027) 이전에 창건되었으나, 17세기경 조선시대에는 폐사되었음을 알 수 있다. 현재 사지에 당시의 것으로 여겨지는 석조 귀부가 있다.

도18 삼천사지 마애 여래 입상.
고려, 높이 260cm, 서울 은평구

도19 삼천사지 마애 여래 입상
얼굴 부분

이 떨어진다.도19

통견의 법의를 전체적으로 굵은 음각의 선으로 새기고 있어 옷이 두껍게 느껴진다. 가슴을 덮는 속옷인 엄액의(掩腋衣)는 넓게 사선으로 나타나고 그 밑에 리본이 길게 내려와 있다. 특히 양 팔 부분에 도식화로도 볼 수 있는 관념적인 옷 주름이 물결 모양으로 두껍게 음각되어 있는 것이 눈에 띈다. 이런 종류의 옷 주름 표현은 아산 평촌리(坪村里) 석조 약사 여래 입상의 양 팔에서도 보인다.

하반신을 덮고 있는 옷자락은 발까지 내려와 있으며, 양 손에 걸친 옷자락 끝도 대좌까지 드리워져 나부끼고 있다. 양 팔은 겨드랑이 부분에 다소 움푹함을 주어 동체와 구별하고 있으나 하반신은 두꺼운 옷에 덮여 있다. 오른손은 내려서 옷을 가볍게 잡고 있다. 왼손은 배 위에 손바닥을 위로 하고 있는 것이 매우 설명적이며 조소 표현으로서는 부자연스럽다.

광배는 한 가닥의 융기선으로 신광을, 두 가닥의 융기선으로 두광을 나타내고 있다. 연화좌는 앙련뿐이며 역시 윤곽은 융기선으로 나타내고 있다.

이상과 같이 서울 삼천사지 마애 여래 입상은 전체적으로 회화적인 요소가 강하게 보인다. 그러나 광선이 바뀌어 그림자가 생기면 하반신에 비해 상반신, 특히 왼팔과 본바탕과 만나는 부분, 왼팔의 옷 주름 선 등의 윤곽이 확실히 나타나 그 부분들이 강조되고 있음을 알 수 있다. 또 이 상의 특징으로는 머리 부분에 비해 조금 긴 몸체 부분, 얼굴의 특이한 표정, 양 팔의 굵은 음각의 선, 두꺼운 옷 주름 등을 들 수 있다.

⑥ 홍성 신경리 마애 여래 입상

이 상은 충남 홍성군 신경리(新耕里) 용봉산(龍鳳山) 정상 가까이에 있는 속칭 노가사라 불리는 암석에 새겨져 있다. 용봉산 정상 근처는 흰 화강암의 기암괴석이 병풍처럼 서 있다. 상이 있는 곳에서 아래를 바라보면 홍성시내가 한눈에 보인다. 마애불 앞에는 넓은 공간이 있으니 이는 용봉사지로 추정된다.[49] 4m 정도의 암석을 불감처럼 두껍게 파내고 그 안에 상을 새기고 있으며, 상은 남쪽을 바라보고 있다.

상은 소발이며 높은 육계가 있다. 법의는 통견이다. 오른손은 밑으로 길게 내려뜨려 동체에 밀착되어 있고, 왼손은 가슴 앞에서 손바닥을 위로 하여 시무외인(施無畏印)처럼 하고 있다. 광배와 별석의 연화좌 그리고 개석(蓋石)을 갖추고 있다. 또 별석의 연화좌 위에 두 발을 나타내고 있다.도20

상의 표현을 보면 머리 부분은 고부조이다. 어깨부터 상반신은 얇은 부조이다. 그리고 하반신은 점점 얇아져 지면에 가까워지면 선각이다. 머리 부분에 비해 몸체 부분이 짧아 4등신 정도이며 나아가 상반신이 하반신에 비해 짧게 보인다. 양 팔은 길고 특히 오른팔은 무릎 부분까지 내려와 있다. 허리도 잘록하다. 옷 주름 밑의 두 다리도 가늘게 표현되어

---

49 용봉사는 백제 말기의 창건으로 추정된다. 그 사이의 일은 전해지지 않으나 조선 후기까지는 꽤 큰 사원이었다. 그러나 이 사지(寺址)가 풍수지리적으로 좋은 장소라고 여겼던 당시의 평양 조씨 일가가 절을 폐하고 그 대신 묘를 만들었다. 그때 현재의 위치에 용봉사를 세웠다.(이정,『한국불교사찰사전』, 불교시대사, 1996, p.462) 또한 용봉사지에 오르기 전 커다란 암석의 왼쪽에 작은 마애 입상 1구가 새겨져 있다. 거대한 암벽 한쪽 구석에 상 주변의 윤곽만을 새겨 얼굴과 상반신은 확실히 나타내고 있으나 하반신은 잘 보이지 않는다. 상의 오른쪽에 "貞元十五年己卯四月日仁符, □佛願大伯士元烏法師, □香徒官人長珍大舍."라는 명문이 새겨져 통일신라 799년에 조성된 것으로 추정된다.(『답사여행의 길잡이』- 충남, 한국문화유적답사회, 1999, p.281)

도20 신경리 마애 여래 입상, 고려, 높이 400cm, 충남 홍성

도21 신경리 마애 여래 입상 측면

있다. 머리와 몸체 부분이 일직선이 아니고 하반신의 중심이 오른쪽으로 약간 기울어져 있는 것처럼 보인다. 몸체의 선과 광배의 선을 따라 붉은 색으로 채색되어 있다.

면상은 조금 둥그스름하며 비만으로 느껴진다. 이마는 좁고 그 한가운데 백호의 흔적이 크게 남아 있다. 얼굴은 마모가 심하여 명료하게 보이지 않는다. 다만 눈썹은 가는 융기선으로 길게 나타내고 있으며 눈에는 웃음을 머금고 있다. 입은 작고 입술 양 끝이 오목 들어가 있어 미소를 강조하고 있다. 귀는 어깨까지 길게 늘어져 있다. 목 부분은 짧고, 삼도가 가슴까지 내려와 새겨져 있다. 양 어깨는 머리 부분에 비해 좁다. 옷 주름은 얇은 선각으로 처리되어 몸의 각 부분이 비치는 것 같다.

신경리 마애 여래 입상에서 주목하고 싶은 것은 우선 바위 면 전체를 감형으로 파내서 그 속에 상을 새긴 점이다. 다음으로 머리 부분은 고부조, 어깨는 약간 고부조, 상반신은 얇은 부조, 하반신 이하는 선각에 가깝게 새겨 하나의 상에 여러 조각 기법을 사용한 점이다. 이것은 측면에서 볼 때 더욱 확실히 알 수 있으며, 마치 상이 바위에서 천천히 나타나고 있는 것처럼 보인다.도21

⑦ 나주 철천리 마애 7불상

이 상들은 전남 나주군 봉황면 철천리에서 1㎞ 정도 떨어진 산기슭에 있다. 원추형의 작은 바위에 7구의 불상이 새겨져 있으며, 크기는 82~90㎝이다. 지금은 그 뒤쪽에 미륵사라는 사찰이 있으며 철천리 석조 여래 입상과 같은 장소에 위치해 있다.도22

바위의 동쪽 면[항마촉지인의 상]과 북쪽 면에 각각 좌상 1구가 새겨져

도22 철천리 마애 7불상의 전경(위), 7불상 중 남쪽 면 불상들(아래), 고려, 높이 82~90cm, 전남 나주

있으며, 남쪽 면에는 같은 크기의 입상 4구가 나란히 새겨져 있다. 서쪽 면에는 1구가 있었던 흔적만이 남아 있다. 즉 원래는 7구가 새겨졌으나 현재는 6구만이 남아 있다. 6구 모두 바위 면을 평평하게 하여 두부는 고부조, 체부는 두부에 비해 얇은 부조, 옷 주름 선은 선각으로 나타내고 있다.

얼굴 면의 세부는 마멸이 심해 잘 보이지 않지만 얼굴 생김은 가늘고 긴 타원형이다. 남쪽 면의 입상의 경우는 목 부분이 약간 길고 어깨에서 밑까지 같은 폭이다. 암석 밑 주변에 단을 만들어 양 발목을 가지런히 하고 있다. 동쪽 면의 좌상도 목 부분이 길고 양 팔은 자연스런 모양이다. 무릎 선은 부드럽게 굽어 있으며 무릎 폭이 넓어 안정감이 있다.

특히 이것은 하나의 원추형 암석에 일곱의 상을 나타내고 있는 일견 변형된 형식인 점과 얼굴 표현이 부드러운 점이 인상적이다.

⑧ 괴산 원풍리 마애 여래 좌상 2구

괴산 원풍리 국도 주변의 산기슭에 약 12m 정도의 거대한 암석이 높이 솟아 있다. 그 암석의 오른쪽 상단에 사각형의 감실 안에 각각 3m 의 불상 2구가 조성되어 있다.도23 상은 전체적으로 마멸이 심하다. 2구 모두 통견을 걸치고 있으며 수인은 알 수 없다. 두광의 광배에 5구의 화불이 있었으나 지금은 흔적만 남아 있다. 대좌는 원래부터 없었던 것 같다. 그리고 상들은 머리 부분을 부조로, 어깨 이하를 머리 부분보다 얇은 부조로, 무릎 부분을 선각으로 나타내고 있다. 면상은 조금 비만한 느낌이다. 특히 눈을 크게 표현하고 있다. 마주 보아 왼쪽 상은 힘 있는 남성

적인 느낌이며, 오른쪽 상은 원만한 인상으로 여성적인 느낌이 든다.[50]

여기서 주목할 점은 두 상의 얼굴 분위기가 미묘하게 다른 점이다. 다음으로 거대한 바위 면 전체를 사용하지 않고 상단 일부만을 깎아서 상을 나타내고 있는 점이다. 이것은 거대한 암석이 원래부터 가지고 있는 힘을 손상하지 않고 상이 출현한 모양을 나타낸 것으로 보인다.

2) 바위의 자연스런 면을 살린 마애불의 작례
– 천안 삼태리 마애 여래 입상과 유사한 상

'바위의 자연스런 면을 살린 마애불'은 바위 면에 손을 대지 않고 원래의 자연스런 면을 살려 불상을 새긴 것을 말한다. 이 때문에 본바탕인 바위 면의 울퉁불퉁함이 그 면에 나타나 있는 조각 표현에 영향을 주고 있다.

대표적인 것으로는 천안 삼태리 마애 여래 입상을 들 수 있다. 또 이것과 유사한 상으로는 해남 대흥사 북미륵암 마애 여래 좌상, 이천 태평(太平) 흥국(興國) 6년명(981년) 마애 보살 반가상, 구미 금오산(金烏山) 마애 보살 입상, 제천 덕주사(德周寺) 마애 여래 입상, 고창 선운사 동불암지 마애 여래 좌상 및 남원 여원(女院) 고개 마애 여래 좌상 등이 있다. 여기서는 천안 삼태리 마애 여래 입상을 중심으로 고찰해 보고, 한편 이와 유사한 상들에 대해서도 살펴보고자 한다.

---

50 이처럼 불상 2구가 나란히 앉아 있는 병좌상(並坐像)은 중국에서는 자주 보이나 우리나라에서는 예가 많지 않다. 이런 상은 『법화경』의 「견보탑품(見寶塔品)」에 나오는 석가여래와 다보여래로 해석하고 있다.(『국보 – 금동불·마애불』, 웅진출판, 1992, p.236) 한편 고려시대는 불상 2구를 나란히 조성하고 있는 예가 있다. 파주 용미리 석불 입상 2구와 익산 고도리 석불 2구, 화순 운주사 와불 2구 등이며, 이에 대한 구체적인 도상 해석은 아직 명확하지 않다. 다만 그 지방에서는 남자 상과 여자상, 혹은 부부상으로 불리고 있다.

① 천안 삼태리 마애 여래 입상

충남 천안군 삼태리 태학산(泰鶴山) 정상 가까이에는 옆으로 긴 장방형의 거대한 암석이 솟아 있고, 그 남쪽 면에 위아래 가득하게 상이 새겨져 있다. 암석 주변은 사원을 세울 만한 넓은 공간이 없다. 단지 상 바로 앞에 좁은 공간밖에 없어 예배하기에는 매우 불편하다. 그리고 상이 새겨져 있는 암석은 소나무와 다른 바위들로 둘러싸여 있어 상과 조금 멀어지면 머리 부분과 상반신은 확실하게 보이지만 하반신은 보이지 않는다. 따라서 상 전체를 보기 위해서는 상의 바로 앞까지 올라가야 한다.도24

상 그 자체는 원래의 바위 면을 살리고 있다. 다시 말하면 측면에서 보면 상은 평평하지 않고 바위의 형태에 따라 새겨졌다. 이 때문에 머리 부분은 패여 있고 어깨와 가슴은 튀어나와 있어 상이 전체적으로 휘어져 있음을 알 수 있다.

상의 표현을 보면, 부조와 선각을 동시에 사용해 상을 나타내고 있다. 즉 두부는 고부조이며 어깨부터 상반신까지는 두부보다 두껍지는 않으나 일정한 두께로 새겨져 있다. 하반신은 선각이며 밑으로 갈수록 점점 새김이 얕아지고 있다.

두부에 비해 몸체 부분은 길어 홀쭉한 느낌이며, 전체적인 비례는 상반신보다 하반신 쪽이 길다. 또 어깨 폭은 머리 부분과 비교해서 좁은 편이고 그 어깨 폭이 거의 하반신 밑 부분까지 같다. 이 때문인지 몸체 부분이 한층 더 길어 보인다. 한편 목 부분은 거의 없고 삼도는 가슴 윗부분에 새겨져 있다. 양 팔은 동체에서 떨어지지 않고 밀착되어 있으며 양 팔목을 표시하고 있을 뿐이다. 허리의 들어감도 없고 또 다리의 구분도 없다.

도24 삼태리 마애 여래 입상, 고려, 높이 710㎝, 충남 천안

머리는 소발이며 그 위에 커다란 육계가 나타나 있다. 좁은 이마에 커다란 백호가 있었던 흔적이 있다. 면상은 타원형이다. 미간은 좁으나 양 뺨에서 턱까지는 길다. 양 뺨이 볼록 솟아서 광대뼈가 튀어 나왔다. 치켜 올라간 눈은 마치 먼 곳을 바라보는 듯하다. 코는 크고 코끝을 둥글게 처리하고 작은 입은 윗입술이 산 같은 모양이다. 귀는 길어 어깨까지 내려와 있다.

법의는 통견이며 깊은 음각 선을 넣어 두꺼운 법의를 표현하고 있다. 가슴 앞에 비스듬하게 편삼(偏衫)이 나타나 있다. 옷 주름에는 세 가지 표현 방법이 보인다. 우선 양 어깨와 양 팔에 걸쳐진 옷 주름은 깊은 음각의 선으로 도식적으로 표현되었다. 가슴에서 무릎까지는 부조로 커다란 반원형의 옷 주름이 밑으로 떨어지면서 파문처럼 퍼지고 있다. 나아가 반원형의 옷 주름 밑을 위보다 깊이 새겼다. 이 때문에 옷 주름 밑 부분에 그림자가 생겨 옷이 더욱 늘어져 보인다. 또 무릎 이하는 선각으로 점점 얇아지고 있다. 발과 대좌는 보이지 않는다.

한편 상 바로 앞으로 가기 위해서는 암석의 왼쪽에서 바위를 따라 들어가야 한다. 상이 보이기 시작하는 곳까지 가면 머리 부분이 바위 속에 끼어 있는 것처럼 보인다. 더 앞으로 가서 상 옆까지 근접하면, 신체 부분은 바위 전체가 굽어 있기 때문에 볼록하게 부풀어지면서 상과 바위가 하나가 되어 다가오는 것 같다. 이것은 마치 보는 사람의 움직임에 따라 또한 상도 움직이는 것 같은 시각적 효과를 의도한 것으로 보인다.도25

바로 앞에서 상을 올려다 보면 머리 부분은 작게 보이지만 몸체 부분은 하반신에서 상반신 쪽으로 점점 넓어져 위압감이 느껴진다. 한편 멀

고려 석불의 조형과 정신 ──

도25 삼태리 마애 여래 입상 측면

리서 보면 상반신의 세로 옷 주름 선에 의해 윤곽선이 선명하게 보인다. 또 밑으로 떨어지는 파문(波紋)의 옷 주름 선은 육계가 바위 윗부분에서 돌출해 있는 것과 어우러져 상 전체가 서서히 상승하고 있는 것 같은 효과를 준다.

이 상은 좁은 이마, 커다란 백호, 치켜 올라간 눈, 둥근 코끝, 두꺼운 인중, 산 모양의 윗입술, 튀어나온 광대뼈 등의 표현에서 상호가 신경질 적이지 않고 느긋한 느낌을 만들어 내서 친숙한 인상을 갖게 해 준다.

② 해남 대흥사 북미륵암 마애 여래 좌상

대흥사에서 1.6㎞, 걸어서 한 시간 정도 올라가면 산 정상 가까이에 있는 커다란 암벽의 남쪽 면에 상이 새겨져 있다. 현재는 상이 새겨져 있는 암벽 앞에 용화전(龍華殿)이라는 목조 건물이 있고 보통 이곳을 북미륵 암(北彌勒庵)이라 부른다. 원래는 이런 형태가 아니라 마애불이 새겨진 바위 면에 직접 목조 건물을 설치했을 것이다. 상의 왼쪽은 바위가 떨어져 나가 보이지 않지만 오른쪽, 즉 광배 위쪽에 사각의 구멍 흔적이 보여 목조 건물을 마애불 위에 직접 설치하였음을 알 수 있다. 이 때문인지 상의 보존 상태가 좋다. 상이 새겨진 바위 뒤쪽에 통일신라 말기 조성으로 추정되는 삼층 석탑이 있고, 상과 마주 보이는 산 위에도 같은 모양의 석탑이 있다.

상들은 바위 면 전체에 새겨져 있고, 윤곽선의 주위를 깎아 파이게 하면서 형상을 드러내고 있다. 이 외의 부분은 바위 면 그대로이다. 본존의 높이는 4.2m이다. 본존은 통견을 하고 있으며, 항마촉지인의 수인과 신광과 두광, 연꽃 대좌 등을 갖추고 있다. 소발과 육계가 있다.도26

도26 대흥사 북미륵암 마애 여래 좌상, 고려, 높이 420cm, 전남 해남

본존을 보면, 머리와 신체 각 부분의 비례도 좋고 어깨는 넓으며 가슴은 쫙 펴고 있다. 무릎 부분도 좌우로 크게 벌려 안정감이 있고 무릎 높이도 충분하다. 목 부분은 매우 짧다. 양 팔은 자연스럽게 내려와 오른손은 무릎 위에 놓여 있다. 손과 손목 그리고 발 등은 보기 좋은 비례를 보이고 있다. 거대한 상에 어울리게 연화 대좌는 크게 표현되어 있다.

면상의 표현을 보면, 방형의 얼굴 생김이다. 눈썹에 음각의 선을 한 줄 넣고 있으며 눈썹이 짧게 표현되어 있다. 눈두덩이 눈을 넓게 덮고 있다. 눈초리가 옆으로 찢어져 올라가 있으며 눈동자가 선명하게 표시되어 있다.

코는 작은 편이며 콧잔등이 짧고 콧등이 낮으며 콧구멍이 표시되어 있다. 귀는 어깨까지 내려와 있으며 매우 섬세하게 표현하고 있다. 입술은 두툼하고 인중은 긴 편이다. 아랫 입술보다 윗입술이 크게 표현되어 있고 윗입술 끝에 음각 선을 넣어 강조하고 있다. 코와 입 주변에 음각을 넣고 양 뺨과 턱이 넓어 전체적으로 얼굴 표현에서 볼륨감이 느껴진다.

한편으로는 얼굴과 턱의 넓이가 같고 턱에 음각 선을 넣고 있어 이 때문에 더욱 비만한 느낌이 든다. 목과 가슴 윗부분에 삼도가 표시되어 있다.

대의의 옷 주름 선은 일정한 간격으로 깊게 음각되어 있다. 옷 주름은 자연스럽게 흘러내려 손등까지 덮고 있으며 무릎 밑 대좌 부분에서는 생략하여 단순히 표현하고 있다. 반면에 연화 대좌는 매우 세밀하게 조각해 놓았다.

다음으로 살펴보고 싶은 것은 바탕인 바위 면의 울퉁불퉁함이 바위 면에 새겨져 있는 조각 표현에 영향을 주고 있는 점이다. 즉 정면에서 보면 머리 부분이 들어가고 어깨와 가슴 부분이 나와 있고 무릎 부분은 또 들어가 있다. 이 때문에 머리 부분과 가슴 부분을 같은 두께로 깎아냈음에도 불구하고 어깨와 가슴 부분이 불룩 튀어나와 있다. 또 바위의 왼쪽 부분이 심하게 파여 있으나 개의치 않고 공양자상과 비천상을 새기고 있다. 상의 두광 윗부분에 균열이 크게 나 있고 그 위에 두광의 선들이 새겨져 있다. 측면에서 보면 바위 면이 평평하지 않다는 것을 더욱 실감할 수 있다.도27

여기서 주목할 점은 상의 움직임에 대한 표현이다. 상은 전체적으로 바위의 울퉁불퉁함 때문에 본존과 주변의 상들을 비롯하여 모든 것들이 역동적으로 느껴진다. 이와 더불어 세부 표현에서도 움직임이 보인다. 먼저 본존의 경우는 왼쪽 어깨 가사 매듭[51]과 양 손목의 옷 주름 그리고 오른손의 엄지와 검지 손가락 등에서 움직임을 표현하고 있다.

다음으로 신광과 두광을 각각 세 줄의 선으로 나타내고 있으며, 신광의 윗부분부터 화염문이 시작하여 두광 위는 더욱 커지고 정면에 가장 크게 나타내고 있다.

한편 하단 양 옆의 공양자상의 자세와 옷자락에서도 움직임이 느껴진다.도28 왼쪽 상은 연꽃을 들고 있고 오른쪽 상은 향로를 들고 있다. 한편 상 양 쪽의 비천상은 밑의 공양자상 쪽에서부터 연꽃 줄기가 올라와 연화좌에 앉아 있다. 비천상의 자세나 천의에서도 움직임을 느낄 수 있다. 특히 연꽃 줄기가 본존을 가운데 두고 양쪽으로 올라가면서 역동적인 느낌을 더해 준다.

---

51 왼쪽 어깨 가사 매듭의 표현은 특이하다. 이러한 표현은 통일신라 말기의 여래상 양식을 계승하고 있다.

도27 대흥사 북미륵암 마애
상 측면

도28 대흥사 북미륵암 마애
상 오른쪽 공양자상과 대좌
부분

마지막으로 연화좌는 앙련과 반련을 나타내고 정면 연꽃을 중심으로 양쪽으로 두 변의 연잎이 옆으로 움직이고 있다. 양 무릎 쪽의 연꽃들은 마치 바람에 날리듯이 크게 움직이고 있다. 가까이서 보면 본존의 무릎 이하는 간결하게 처리한 반면에 연꽃 대좌는 웅장하면서도 섬세하게 표현하고 있다. 북한산 구기동 마애 여래 좌상과 법주사 마애상의 연화좌처럼 청화(請花)와 반화(反花)가 연접되어 있으며 그 표현도 유려하다.

대흥사 북미륵암 마애상 바위 면의 울퉁불퉁함에서 느껴지는 움직임에서 예배자는 더욱 여래의 신력을 느꼈을 것이다. 나아가 그 세부 표현에서도 움직임을 표현하고 있는 것은 위에서 살펴본 대로이다. 본존의 연꽃 대좌, 공양자상의 연꽃좌, 연꽃 줄기가 밑에서 윗부분까지 올라가는 모습 그리고 그 위의 연꽃좌에서 비천상이 나오는 것 등은 모두 연화화생(蓮華化生)의 순간을 나타내고 있는 것처럼 보인다.

③ 이천 태평 흥국 6년명 마애 보살 반가상

경기도 이천시 장암리 지방도로 바로 옆에는 미륵암이라 불리는 이등변삼각형 모양의 암석이 있다. 그 동남쪽의 바위 면 가득히 반가상을 새기고 뒷면에는 명문이 있다. 명문은 마멸이 심해 잘 보이지 않으나 '태평 흥국 6년 신사 2월 13일'이라는 조성 연대가 있으며 이것은 고려 경종 6년인 981년에 해당한다.[52]

상의 조각 기법을 보면, 보관은 선각이고, 눈에서 턱까지의 선은 부조이며 어깨부터 아래는 얇은 부조이다. 한편 상을 측면에서 보면 원래의

---

52 "太平興國六年辛巳二月十三日, 元ㅁ ㅁ道俗香徒等, 卄人上道".(진홍섭, 『한국미술사자료집성(1) -
    삼국시대~고려시대』, 일지사, 1996, p.238)

도29 태평 흥국 6년명 마애
보살 반가상, 고려 981년, 높이
320cm, 경기 이천

도30 태평 흥국 6년명 마애
보살 반가상 측면

바위 표면 그대로 두고 부조되어 있음을 알 수 있다. 즉 상반신과 그 주위는 바위 면이 움푹 파여 있고, 반가(半跏)해서 오른쪽 다리 위에 올려놓은 왼쪽 다리 부분은 바위 면이 돌출되었다.도29·30

상은 삼산형(三山形)의 보관을 보발 위에 쓰고 있다. 보관의 정면 중앙에는 화불이 있다. 얼굴 생김은 방형이나 눈, 코, 입, 귀 등의 마멸이 심해 잘 보이지 않는다. 삼도는 보이지 않으나 간단한 장식이 있었던 것처럼 한 가닥 선이 있다. 양 어깨는 둥글게 처리되어 있고 머리 부분과 비교해서 좁은 느낌이다.

오른손을 가슴 앞으로 올리고 들고 있는 연꽃 줄기가 오른쪽 어깨를 지나 보관의 상단까지 뻗어 있으며 그 끝에 연꽃과 연밥이 크게 나타나 있다.[53] 왼손은 손바닥을 위로 하여 오른쪽 다리에 놓여 있다. 반가한 왼쪽 다리는 돌출된 바위 면 때문에 더욱 크게 보인다. 내려 있는 오른발은 정면을 바라보면서 자연스럽게 새길 공간이 있음에도 불구하고 옆으로 향해서 표현하고 있으나 그 이유는 알 수 없다.

한편 바위 면을 다듬지 않아 상의 표면은 거친 인상을 주지만, 상의 전체적인 이미지는 귀엽고 둥그스름하다. 특히 오른손과 팔찌, 지물의 표현 등이 섬세하여 주목할 만하다.

④ 구미 금오산 마애 보살 입상
경북 구미시 금오산(金烏山)의 정상 가까이에 있는 암벽에 새겨져 있

---

53 이 상과 유사한 예로는 고령 개포동 관음보살 좌상이 있다. 개포동 상은 주형(舟形)의 얇은 판 모양의 암석에 얕은 부조로 새겨져 있다. 삼산관의 보관에 화불을 나타내고 왼손에 연꽃 줄기를 들고 있다. 팔과 다리를 비롯한 신체 부분의 표현은 매우 간략하다.

다. 상이 새겨진 바위를 중심으로 좌우 바위가 병풍처럼 둘러쳐져 있고
그 앞에는 작은 공간이 있다. 이곳에 주초와 기와 파편이 남아 있어 사
찰이 있었음을 알 수 있다.[54] 상의 오른쪽 바위 면에 빗물이 상 쪽으로 흐
르지 않게 하기 위해 길게 홈을 파고 있다. 상은 정남향을 바라보고 있으
며 그 앞 봉우리에는 약사암이 있다.

상은 암석을 그대로 살리면서 조각되어 있다. 특이한 점은 상의 중심
이 바위의 돌출된 부분에 새겨 있어 입체적인 표현이 두드러지게 눈에
띈다. 두부는 고부조이며 어깨에서 상반신까지는 얇은 부조이며 하반신
은 선각이다. 상 높이는 5.55m이며, 머리의 보관 때문에 보살상으로 여
겨진다. 어깨는 좁고 두부와 비교하면 신체와 양 팔은 긴 편이다. 특히
양 손을 크게 부각시키고 있다. 옷 주름은 가슴 부분부터 반원형으로 흘
러내려 발등까지 덮고 있다. 선각으로 3중의 두광과 신광이 새겨져 있
다. 연화좌는 반화의 단변연화문으로 모서리를 중심으로 양쪽 바위 면에
나타나 있다.도31

이것은 바위 두 면의 모서리, 즉 돌출된 면에 상을 새긴 점이 특이하
다. 또 얼굴은 고부조이며 어깨에서 발끝까지의 두께를 서서히 얇게 하
고 있는 점과 옷 주름의 표현이 주목할 만하다.

⑤ 제천 덕주사 마애 여래 입상
이 상은 충북 제천 월악산(月岳山) 중턱에 있는 거대한 암석의 남쪽 면
전체에 새겨져 있으며, 높이가 13m나 된다. 바로 앞에는 덕주사지(德周寺

---

54 『일선지(一善誌)』에 근거하여 보봉사(普峰寺)로 추정하고 있다.(『국보 – 금동불 · 마애불』, 웅진출
판, 1992, p.238)

址)가 있다.[55] 상은 전체적으로 선각이며 바위 면은 전혀 손을 대지 않았다. 원래 두부 쪽의 바위 면이 조금 돌출해 있고, 상반신 부분은 평평하나 정강이 부분부터 아래까지는 파여 있다. 두부 양쪽에 세 개씩 있는 구멍들은 목조 전실의 흔적으로 보인다.도32

두부는 얇은 부조이며 몸체 부분과 대좌는 선각이다. 측면에서 보면 몸체 부분은 바탕인 바위 면과 구별되지 않고 얼굴만 조금 드러나 있을 뿐이다. 두부와 비교해 몸체 부분이 매우 짧고 양 손이 커서 상을 예배할 때 얼굴과 손으로 눈이 쉽게 옮겨간다. 거대한 상에서는 머리 부분과 양 손을 크게 강조하지 않으면 실제 예배할 때 시야에 들어오지 않기 때문에 이처럼 궁구한 것으로 보인다.

상의 표현을 보면 면상은 방형이다. 눈과 코와 입은 크고 특히 귀는 얼굴선과 구별되지 않으며 턱 근처까지 내려와 있다. 턱 밑에 한 가닥 선을 넣어 풍만한 느낌을 나타내고 있다. 목 부분은 없고 삼도는 가슴에 나타나 있다. 법의는 통견이다. 신체 부분은 직사각형이며 하반신의 옷 주름 표현이 수인 바로 밑에서 시작하고 있어 허리 위치가 높게 느껴진다. 그러나 몸체 부분에 새겨져 있는 옷 주름은 다른 부분보다 비교적 섬세하게 표현되어 있다. 특히 대퇴부에 나타나 있는 동심원의 옷 주름은 드문 표현이다. 양 발은 각각 바깥쪽으로 벌리고 있으며 그 밑에 연화좌가 있다.도33·34

상은 바위 면을 가공하지 않고 간소하게 표현되어 있으며, 옷 끝자락

---

55 『동국여지승람』, 14권, 「범우고(梵宇攷)」에 전하길 "덕주(德周) 부인이 이 절을 세워 이로 인하여 이름하다."라고 적고 있다. 또 전승에 의하면 통일신라 마지막 왕인 경순왕의 딸 덕주 공주가 마애불을 조성하여 산은 월악산, 사원은 덕주사로 부르게 되었다고 한다. 원래 사원은 1951년 전쟁 중 소각되어 1970년 현재 월악산 기슭에 위치를 바꾸어 중수했다.(이정, 앞의 책, p.130)

도32 덕주사 마애 여래 입상, 고려, 13m, 충북 제천

도33 덕주사 마애 여래 입상 얼굴 부분   도34 덕주사 마애 여래 입상 발 부분

부분도 움직임 없이 형식화되어 있다. 더 나아가 특이한 점은 얼굴의 이미지이다. 광대뼈가 튀어나온 듯 뺨이 조금 부풀어 있고, 눈동자가 강조되어 있다. 이 때문에 둔한 인상에 긴장감도 없어 보인다.

⑥ 고창 선운사 동불암지 마애 여래 좌상

고창 선운사[56] 동불암지(東佛庵地) 마애 여래 좌상은 칠송대(七松臺)라 불리는 높이 25m, 폭 10m나 되는 암석의 남쪽 면 오른쪽 하단 부분에

---

56 선운사는 신라 진흥왕(재위 540~576년)이 창건했던 중애사(重愛寺)라는 설과, 백제 승려 검단(檢旦)이 577년에 창건했다고 하는 설이 있다. 그러나 1707년(조선 숙종33)에 편찬된 「도솔산 선운사창수승적기(兜率山 禪雲寺創修勝蹟記)」의 사료에는 진흥왕이 창건하고 검단이 중수했다고 기록하고 있다. 또 중수승적기에는 창건 설화에 대해서 흥미 깊은 기록이 적혀 있다. 즉 "有左邊窟 乃新羅眞興大王 避立初宿之處也 是夜羅王 夢見弥勒三尊龍華起出之隙 裂石而出 驚感神明 始創重愛寺 以安尊像 因重興是寺焉"이다. (권상로 편, 『한국사찰전서』, 이화여자대학교 출판부, p.1999); 또한 선운사의 창건 기록은 모두 조선 후기에 쓰여진 것이고 설화적인 것이 많아 신빙성이 낮다. 다만 백제의 검단 선사가 위덕왕 때에 못을 메워 선운사를 창건했다는 설이 유력해 보인다. (김상현, 「선운사 창건설화의 고찰」, 『신라문화』, 33집, 2009)

새겨져 있다.도35 이 상은 미륵불로 널리 알려져 있으며, 높이는 17m에 달한다. 상이 새겨져 있는 암벽은 전체적으로 직각이나 무릎 부분만이 조금 비스듬하고 밑은 다시 직각이다. 상 위에는 공중누각이 있었다고 전해지는 흔적으로 다섯 개의 구멍이 남아 있다.[57] 또 지면에서 대좌의 밑 부분까지 1m 정도 공간에는 아무것도 없다. 그리고 대좌는 가장 밑에 연화문을 새기고 삼단으로 올려 좌상을 새기고 있다.도36

상은 윤곽선만을 깎아 나타내고 있다. 두부와 어깨는 부조로 확실하게 나타내고 있지만 무릎 이하는 선각으로 희미하게 보인다. 두부와 비교해서 몸체는 약간 작은 듯하다.

머리 부분은 삼각형이며 육계와의 구별이 확실하지 않다. 눈은 눈초리가 심하게 치켜 올라가 있고, 입술은 튀어나와 입이 뾰족하다. 눈과 입 때문에 화를 내고 노려보는 것 같아 위압감이 느껴진다.도37 법의는 통견이며 허리 부분에 띠를 매고 있다. 가슴 부근에는 구멍을 메운 흔적이 있다. 양 손은 크며 무릎 위에 놓여 있다. 광배는 없다.

한편 이 동불암지 마애 여래 좌상에는 여러 가지 전승이 전해지고 있다. 특히 불상의 흉부에는 선운사를 창건했던 백제 승려 검단(檢旦)이 감추었다는 비전(秘傳)의 문서가 있어, 이 문서가 세상에 나오면 왕조가 바뀌는 혁명적인 일이 일어날 것이라는 전승이 있으며 또한 사람들은 그 전승을 믿어 왔다.[58] 또 이곳에 전해지는 풍수지리설에 의하면, 불상이 새겨져 있는 칠송대는 선운산의 기운이 밖으로 나가는 것을 막는 중요

---

57 불상의 머리 위에 공중누각이 있었으나 1648년에 폭풍으로 넘어졌다고 전한다.

58 실제로 조선 후기(19세기), 불상의 가슴에서 비전의 문서를 꺼내려고 하는 순간에 우레가 떨어졌으며 그 후에도 그것을 둘러싸고 여러 가지 사건이 일어났다.

도35 동불암지 마애 여래 좌상 원경

도36 동불암지 마애 여래 좌상, 고려, 높이 17m, 전북 고창

도37 동불암지 마애 여래 좌상 얼굴 부분

한 역할을 하는 암석이라고 한다. 아마도 불상은 그 효과를 더욱 높이기 위해 새겨졌을 가능성이 높다. 나아가 가슴 부분에 남아 있는 흰 석재는 앞에서 말한 비전의 문서를 꺼내기 위해 팠던 구멍이고 산의 기운이 빠질 것을 염려해 다른 돌로 막은 흔적일 것이다.

　이와 같이 동불암지 마애 여래 좌상은 예배를 위한 목적보다는 산의 기운을 지키기 위한 풍수지리적 입장에서 조성된 것으로 여겨진다. 이러한 상의 조성 배경은 강한 위압감이 느껴지는 특이한 면모를 설명할 수 있는 한 가지 요인이 될 수 있을 것이다.

ⓐ 남원 여원 고개 마애 여래 좌상

전북 남원에서 운봉(雲峰)으로 10km 정도 가면 여원(女院)이라 불리는 험한 고개가 나타난다.[59] 이 고개는 옛날부터 이 지역 교통의 요충지였다. 현재는 도로가 나 있다. 한편 도로 남쪽 밑의 암석에 주추와 마애비(磨崖碑)와 함께 불상이 새겨져 있다. 암석은 폭 6m 높이 3m 정도의 옆으로 긴 모양이며 한가운데에 상이 새겨져 있다. 상 왼쪽에 명문이 새겨져 있고, 앞에는 높이 90cm 정도의 3단 주춧돌 두 개가 서 있다.도38

상은 두부와 상반신만 표현하고 있다. 바위 면은 거의 손을 대지 않았고 상 주위의 윤곽선만을 깎아서 형상을 나타내고 있다. 측면에서 보면 상 전체의 표현이 원래 암석의 표면을 그대로 살리고 있음을 알 수 있다. 두부와 어깨 그리고 오른손은 선명하게 보이지만 그 밑은 확실하지 않다.

현재 얼굴의 반이 없어졌기 때문에 그 전체 모습은 알 수 없다. 그러나 이전의 사진에 의하면 소발과 육계가 확실하게 보이고 눈도 크게 표현되어 있다. 얼굴 생김은 방형이다. 입술은 두껍고 양 뺨은 부풀어 있다. 커다란 귓불이 어깨까지 내려와 있다. 목 부분은 없고 삼도가 가슴 쪽에 나타나 있다. 법의는 통견이다. 가슴 앞에 들고 있는 오른손은 동체와 비교하여 작은 편이다. 왼손은 팔꿈치 부분에서 그 밑이 떨어져 현존하지

---

59 『신증동국여지승람』「운봉(雲峰)」조에는 "女院峴 在縣西埋 南原府界"「역원(驛院)」조에는 "女院 在女院峴"이라고 적혀 있다.

고려 석불의 조형과 정신 ─

도38 여원 고개 마애 여래 좌상 정면과 측면, 고려, 높이 242㎝, 전북 남원

않는다. 얼굴과 상반신은 비만한 편이다. 원광의 두광이 선각으로 나타
나 있다.

나아가 불상 조성에 대한 흥미 깊은 내용이 명문에 새겨져 있다. 명
문에 의하면, 이 상은 예부터 여상(女像), 산신의 현령(山神之顯靈), 산신의
진면목(山神之眞面目) 등으로 사람들이 이해하고 있었다.[60] 그러나 소발, 육
계, 삼도, 통견의 법의 등으로 보아 분명히 불상의 모습이다. 이곳은 불
상이 조성되기 이전부터 여행자들을 지켜주는 산신에 대한 신앙이 있었
고, 그것이 후에 산신의 모습이 불상의 형상으로 습합된 것으로 여겨진
다. 또 이 불상은 원래 두부와 상반신만 표현되었을 가능성이 높다. 이것

---

60 夫, 此山祖德裕, 而連脈於智異者也, 名以女院取諸何意 路傍石面, 有女像影刻, 又閣以庇之, 破瓦遺礎
尙存焉, 盖想因此錫地名者也, 然則, 其誰之像也, 謹考雲城誌有曰 在昔, 洪武十二年(1392)己未, 我
聖祖受鉞東征之時, 登臨于此峙上, 則有一道姑告以大捷日時, 因忽不見, 此直山神之顯靈也明矣, 所
以有影其像而閣, 而奉之信, 有瞻慕之蹟也, 古老相傳之說, 至于今五百余年而不泯, 然閣廢而只存遺
像, 未免風雨之所侵撲,…則完然如覩山神之眞面目矣,…光武五年(1901)辛丑七月…雲峰縣監 朴貴
鎭記.(秦弘燮, 『韓國美術史資料集成』1 -三國時代～高麗時代, 일지사, 1996, p.241)

은 사람들이 불상이 아니라 산신의 모습으로 이해했던 요인 중의 하나
일 것이다.

3) 두부에 별석을 더한 마애불의 작례
– 안동 이천동 마애 석불 입상과 유사한 상

앞에서 고찰한 대로 마애불은 가장 한국적인 특색을 보여 주는 불상
조각이다. 마애불은 이미 알고 있는 것처럼 노출되어 있는 바위 면에 새
겼으며 그리고 그곳에 머리 부분을 포함하여 상 전체를 나타내는 것이
일반적인 형식이다. 한편 이와 달리 두부만을 별석의 환조로 만들어 불
신으로 여기는 바위 위에 올리는 마애불의 형식도 있다. 나아가 불신에
해당하는 바위 면은 거의 손을 대지 않고 그대로 두거나, 또는 대의와 수
인 같은 신체 부분을 선각으로 새기거나 얇은 부조로 표현하는 경우도
있다.

이처럼 머리 부분에 다른 돌을 얹은 마애불의 원류는 통일신라 중엽
[경덕왕 대, 742~764년]에 조성된 경주 굴불사지 사면 석불 서쪽 면의 아미
타불 입상에서 찾을 수 있다. 9세기 이후 통일신라 말기가 되면 더욱 거
대한 형태로 등장한다. 대표적인 작례로는 경주 남산 약수곡 마애 대불
이 있다.

이 책에서는 주로 머리 부분에 별석을 더한 마애불과 재래의 암석 신
앙과의 연관성에 대하여 고찰해 보고자 한다. 즉 본래의 거대한 암석은
옛날부터 영석(靈石)으로 신앙해 왔으며 그곳에 불상이 조성된 것으로 생
각해 볼 수 있다.

그리고 고려시대에도 경주 굴불사지의 아미타불 입상처럼 머리 부분

에 별석을 얹은 거대한 마애불이 계속해서 조성되었다. 대표적인 예로는 안동 이천동 마애 석불 입상을 들 수 있다. 또 이것과 유사한 예로는 파주 용미리(龍尾里) 마애 석불 입상과 논산 상월면 상도리(上道里) 마애 석불 입상이 있다. 먼저 안동 이천동 마애 석불 입상을 중심으로 고찰하고, 다음으로 나머지 두 상에 대해서도 살펴보고자 한다.

① 안동 이천동 마애 석불 입상

이 상은 예부터 안동 지역에서 '연비원(燕飛院) 석불'로 불려져 왔으며 지금도 미륵상으로 신앙되고 있다.[61] 상의 조성에 대해서는 두 가지 설이 구전되고 있다. 하나는 통일신라 말에 도선 국사가 조성했다는 것이고, 다른 하나는 어느 날 저녁 천지가 무너지는 듯한 소리가 나면서 커다란 바위가 둘로 나뉘어 불상이 출현했다고 하는 것이다.

현재 석불이 있는 곳을 보면 커다란 바위 두 개가 있다. 그 사이의 공간은 2m도 되지 않는다. 마애불은 앞의 바위를 마주 보고 있어 전승처럼 바위가 갈라지면서 나온 것 같다[총 높이 12.38m, 머리 높이 2.43m]. 또한 멀리서 보면 마애불을 마주 보고 있는 암석이 마애불의 몸체 부분을 가리고 있어 마치 거대한 암석 위에 머리만 놓여 있는 것처럼 보인다.[62] 그리고 석불 뒤는 산으로 이어져 있어 정면에서 보면 마치 지면에서 용출하고 있는 듯한 이미지이다.도39

---

61 연비원(燕飛院)에서 '원(院)'은 여행하는 사람들이 묵는 일종의 여관을 말한다. 『동국여지승람』 「안동」 조에는 연비원이 역(驛)으로 적혀 있다. 옛날 영남에서 충청도, 경기도, 한성 등에 가기 위해서는 안동을 경유해서 백두대간을 넘어야만 했다. 그 길의 요소에 있었던 것이 연비원이다.

62 석불 앞의 암석 밑은 절벽이다. 조금 멀리서 석불을 보기 위해서는 절벽 밑 도로 건너편으로 가야 한다.

상의 구조를 보면, 앞에서 말한 대로 두부는 체부의 암석과는 다른 돌로 만들어 암석 위에 올려놓았다. 현재는 머리 뒷부분 반은 없어졌다. 몸체 부분은 암벽 전체에 선각으로 나타내고 있다. 그러나 어깨선은 암석 위의 선을 그대로 살려 사용하고 바위 면에는 법의부터 새기고 있다. 즉 어깨에 해당하는 암석 위의 선은 인공적으로 손을 대지 않고 암석 본래의 모양대로 두고 있다.도40

상의 표현을 보면 면상은 원만하다. 눈썹과 눈이 명확한 선으로 길게 표현되어 있다. 눈썹과 눈 사이가 넓고 눈썹이 마치 활처럼 굽어 있다. 눈의 윤곽은 음각으로 새기고 눈동자를 크게 만들었다. 백호도 크게 부조하고 있다. 코는 눈썹부터 선이 연결되어 있고 콧잔등은 높고 밑 부분은 삼각형을 이루고 있다. 그 밑에 입술의 선도 명확하다. 눈 부분과 입술, 목의 삼도선 등에 주색이 남아 있어 채색을 했음을 알 수 있다. 얼굴의 표현은 전체적으로 윤곽선이 명확하여 힘이 강하고 굉장히 개성 있게 느껴진다.

통견의 법의는 선각으로 새겨져 있을 뿐이며 그것도 신체의 아래쪽 부분은 잘 보이지 않는다. 신체를 나타내고 있는 바위 면이 파이기도 하고 돌출되어 있기도 하여 균일하지 않다. 특히 체부의 왼쪽 왼손 부분은 바위 면이 많이 돌출되어 있으며 그 아래는 급속도로 파여 있다. 이 때문에 오른손보다 왼손이 더욱 돌출되어 보인다. 수인의 경우 오른손은 배에 대고 있으며 왼손은 가슴 쪽에 대고 있다. 두 손 모두 엄지와 중지를 맺은 중품하생(中品下生)을 표현하고 있다. 왼손의 손가락은 얇은 부조로 길고 섬세하게 표현되었다. 암석 밑에는 대좌로 여겨지는 단변연화문이 선각으로 새겨져 있다.

고려 석불의 조형과 정신 ——

도39 이천동 마애 석불 입상, 고려, 높이 12.38m, 경북 안동

한편 석불을 보기 위해서는 석불 바로 앞이나 아니면 꽤 떨어진 곳에서만 볼 수 있고 다른 중간 지점은 없다. 그리고 보는 지점에 따라 상의 이미지가 각각 다르게 보이기도 한다. 또 상을 가까운 지점에서 본다는 것은 결국 예배자의 관점이며, 먼 곳에서 본다는 것은 상을 주위의 환경 속에서 파악하는 것이다.

먼저 예배자의 관점에서 보면, 석불에 다가서서 볼 수 있는 장소는 석불 바로 밑 정면의 좁은 공간밖에 없다. 그곳에서 석불을 올려다보면 거대한 몸이 위로 쭉 뻗어 있어 장엄함마저 느껴진다. 또 머리 부분은 약간 뒤로 기울어져 보여 몸체 부분과 비교해서 더 작게 보이나, 이것이 올려다보는 사람에게는 더욱 위압감을 준다.도41

한편 신체 부분은 가능하다면 자연의 암벽을 그대로 남기려고 했던 의도가 생생하게 느껴진다. 따라서 원래의 바위 면 때문에 몸체가 패이기도 하고 돌출되기도 하지만 도리어 그것이 선각인 신체부의 평면적인 표현에 움직임의 역동성을 주고 있다. 그리고 몸체가 새겨져 있는 암벽은 서쪽을 향해 있어 오전 중에는 그림자 때문에 신체의 선들이 잘 보이지 않는다. 오후가 되어 빛이 닿기 시작하면 신체가 확실하게 그 모습을 나타낸다. 또 석양에 비쳐진 부분과 그렇지 않은 부분과의 명암 차이, 어두워지면서 하반신부터 서서히 사라져 가는 모습에서도 위압감과 입체감이 느껴진다. 이러한 석불의 웅혼함, 위압감, 바위 면의 평면에서 느끼는 자연의 조형 그리고 무엇보다도 시간에 따라 변화하는 불상의 모습 등은 바로 앞의 좁은 공간 속에서 예배하는 사람들을 강렬하게 이끈다.

다음으로 멀리서 보면, 앞에서 말한 것처럼 석불은 또 하나의 암석 뒤에 있기 때문에 두부와 가슴 부분만이 보인다. 그러나 석불 앞에서 보

고려 식불의 조형과 정신 ——

도40 이천동 마애 석불 입상 측면 　　**도41** 이천동 마애 석불 입상 바로 앞에서 바라본 모습

는 것과 다르게 두부와 신체부의 비례가 좋다. 또 환조의 머리 부분에서는 더욱 입체감이 느껴지고, 또한 선각인 신체까지 뚜렷하게 느끼게 해준다. 즉 거대한 암석이 그대로 불상의 몸체 부분으로 되살아나는 것 같다. 주위 환경과 자연스럽게 조화를 이루면서 하나의 환조 불상이 땅 속에서 서서히 나타나고 있는 것처럼 보인다.

이상과 같이 안동 이천동 마애 석불 입상의 경우는 몸체 부분은 원래부터 그 자리에 있던 암석에 새겨지고 두부만이 별석으로 만들어진 것이다. 그리고 두부의 표현을 보면 얼굴, 눈, 코, 입 등의 윤곽선이 명확하고 힘차며 개성 있는 모습이다.

여기서 두부의 표현처럼 몸체도 더욱 입체적으로 조각을 하거나 또는 다른 마애불처럼 한 바위 면에 두부까지 함께 나타낼 수 있는 공간이 충분히 있다. 그럼에도 불구하고 보는 시각에 따라서는 조형으로서 빈곤한 표현 또는 조형 의지가 약하다고 일컫는 이천동 마애 석불 입상의 형식을 보다 적극적으로 해석할 수도 있다.

다시 말하면 석불을 조성하기 전의 암석은 그 자체가 대단히 중요하게 여겨졌을 것이다. 암석을 단순한 소재로 삼아 적극적으로 불상을 새기려고 했던 것이 아니다. 비록 이 암석 자체가 신비스러운 돌, 즉 영석이라는 확실한 사료는 없지만 이 조각 형식은 충분히 암석 신앙과 연관시켜 볼 수 있다. 이는 조각과 암석 모두 귀중하게 여긴 바 두 신앙이 동등하게 습합되어 있다고 볼 수 있다.

한편 석불은 주위의 바위 중에서 가장 높이 솟아 있어 앞에서 말한 대로 마치 지면에서 용출한 것 같은 모습이다. 또 전승에 의하면 암석이 둘로 갈라지면서 그 속에서 석불이 출현했다고 한다. 나아가 신체부의

고려 석불의 조형과 정신 ——

선각은 아래 부분은 얇지만 위로 갈수록 선명한 점, 지면과 신체부가 구별되지 않는 점, 시간에 따라 신체부의 입체감과 명암이 변화하는 점 등은 이 마애 석불이 아직까지도 나타나고 있는 중인 출현불(出現佛)로 추정된다. 즉 머리 부분의 환조는 이미 출현을 마친 것을 나타내고, 신체부의 선각은 출현이 진행 중임을 표현하고 있다.

이 상의 크기에서의 웅혼함과 위압감, 빛과 시간에 따라 평면의 선각에서 느껴지는 움직임, 영석을 손상시키지 않는 절제된 조각 기법은 좁은 공간에서 예배하는 사람들을 압도시키기에 충분하다. 또 원래의 바위를 이미 불상의 일부로서 표현하고자 했던 사고 방식은 단순히 조각 소재인 암석에 불상을 조성하려는 통상의 생각에서 한 걸음 벗어난 조형이라 생각된다. 나아가 그 불상은 지면에서 그리고 암석에서 지금도 출현을 계속하고 있다는 커다란 정신성을 배경으로 하고 있음을 알 수 있다. 계속해서 이 상과 유사하면서도 더욱 개성이 강한 작풍을 보이고 있는 파주 용미리 마애 석불 입상과 논산 상월면 상도리 마애 석불 입상을 살펴보자.

② 파주 용미리 마애 석불 입상

이곳 지방민의 구전에 의하면 둥근 갓을 쓰고 있는 불상은 남성상[총 높이 17.4m, 머리 높이 2.36m], 네모난 갓을 쓰고 있는 불상은 여성상[머리 높이 2.45m]으로 전해진다. 또 고려 선종(宣宗, 재위 1084~1094년)이 후사가 없어 원신궁주(元信宮主)라는 사람을 맞이하였는데, 그럼에도 왕자가 태어나지 않았다. 이것을 걱정하고 있던 궁주가 어느 날 밤 꿈을 꾸었다. 꿈속에서 도승 두 명이 나타나 "우리들은 장지산(長芝山) 남쪽 기슭에 있는 바위

틈에 사는 사람들이다. 매우 배가 고프니 먹을 것이 있으면 받을 수 있을까?"라고 말하고 바로 사라져 버렸다. 눈을 뜬 궁주가 이것을 매우 이상하게 여겨 왕에게 고했다. 그러자 왕이 바로 사람들을 장지산에 보내서 조사해 보도록 명했다. 실제 그 장지산 기슭에 커다란 바위 두 개가 나란히 서 있는 것을 보고 왕에게 고했다. 왕은 바로 이 바위에 두 사람의 도승을 새기게 하고 사원을 세워 공양을 바쳤다. 그해 왕자가 태어나 한산후(漢山侯)라고 이름하였다. 그래서 지금까지도 아이가 없는 사람들이 이 불상에 공양을 드리면 영험이 있다고 전해진다.[63]

상들은 산 중턱에 돌출되어 있는 거대한 화강암에 조성되어 있다. 멀리서 보면 마치 산 속에 불상의 머리 부분만이 우뚝 서 있는 것 같다. 그러나 실제 가까이서 보면 몇 개의 커다란 암석이 있고 가장 앞의 암벽에 불상 2구가 나란히 조성되어 있다. 그리고 앞에 좁은 예배 공간이 있고 그 밑은 낭떠러지이다. 상 앞의 작은 공간 이외에는 바위산이라 보통은 올라갈 수 없는 환경이다.

상은 2구 모두 두부는 별석의 환조로 만들어졌으며 체부는 암벽에 부조로 새겨져 있다. 바위는 세로로 크게 균열되어 3개로 나뉘어져 있으나 가장 오른쪽은 바위 그대로이며 가운데가 거의 완전한 모양의 불상, 왼쪽은 불상의 몸 반쪽만을 나타내고 있다. 즉 바위의 자연스런 균열을 이용해서 몸체를 나타내고 있는 것이다. 몸체와 지면과의 구별은 전혀 없으며 몸체 아래의 암석은 균열이 더욱 심하다. 특히 이 불상은 안동 이천동 석불과 같은 모양으로 자연의 암석을 그대로 이용해서 조성한 대

---

63 한국학문헌연구소, 『傳燈寺本末寺誌 奉先寺本末寺誌』, 아세아연구소, 1978, pp.342~343.

도42 용미리 마애 석불 입상, 고려, 왼쪽상 높이 17.4m, 경기 파주

표적인 예이다. 두부와 체부의 형식은 앞의 안동 불상처럼 두부에 별석을 얹은 마애불이지만 머리 위에 판석(板石)이 올려 있는 것과 2구의 불상을 동시에 만들고 있는 것은 다르다.도42

우선 마주 보아 왼쪽 불상의 두부는 목 부분, 얼굴, 육계, 판석 등 4개의 돌을 쌓아 만들고 있다. 목 부분은 길고 삼도의 표현은 없다. 면상은 이마보다 뺨 쪽이 조금 넓고 뺨에서 귀까지는 어느 정도 양감도 있기 때문에 약간 둥근 형으로 보인다. 눈, 코, 입 등을 크게 강조하고 있다. 육계 같은 것을 높게 만들고 그 위에 둥근 갓 모양을 쓴 변형된 모양이다. 마주 보아 오른쪽의 불상도 두부는 목 부분, 얼굴, 육계, 판석 등 4개의 돌을 쌓아 구성하고 있으며 그 모양은 거의 방형이다. 방형의 얼굴에 맞추어서 방형의 갓 모양을 쓴 것으로 생각된다.

몸체 부분을 보면 1구[바라볼 때 왼쪽]는 거의 완전하게 어깨에서 몸 아래까지 바위 면을 이용해서 새기고 있다. 그리고 다른 1구의 불상[바라볼 때 오른쪽]은 몸 전체를 새길 바위 면이 없기 때문에 체부는 왼쪽의 반쪽과 왼손만을 새겨 마치 오른쪽 반쪽 몸이 다른 1구의 불상 뒤에 감추어져 있는 것 같은 착각을 일으킨다. 2구 모두 어깨와 양 손은 원석의 불룩한 부분 때문에 그곳이 유난히 불룩하다. 양 손 밑에는 급격히 파여 있고 그 위에 법의를 나타내고 있다.

특히 측면에서 보면 암석 본래의 모양을 그대로 두고 그곳에 불상을 나타낸 것이 생생하게 느껴진다.도43 2구 모두 두터운 법의 때문에 몸의 윤곽은 거의 나타나 있지 않다. 옷은 짧으나 앞부분에는 음각 선으로 U자형을 평행으로 조각하고 있다. 양 팔이 가슴 쪽으로 밀착해 그곳에 법의가 걸려 있으나 그 표현은 설명적이라 할 수 있다. 옷의 표현도 아래쪽

도43 용미리 마애 석불 입상 측면   **도44** 용미리 마애 석불 입상 뒷면

은 점점 얇아지고 그 이하는 확실하지 않다. 연꽃 줄기 같은 것을 양 손에 들고 있다. 한편 왼쪽의 불상은 양 손을 가슴 앞에 합장하고 있으나 돌출이 많이 되어 있다. 그러나 옷이나 불신의 표현과 같은 전체 양식은 2구 모두 같다.

석불 뒷면은 그대로 산으로 연결되어 있으나 체부의 어깨에 해당하는 암석이 지면에서 조금 노출되어 있다. 판석, 육계, 얼굴 등의 뒷부분은 정면처럼 깨끗하게 깎여 있으며 목 뒤에는 옷깃이 새겨져 있다. 그러나 목에 해당하는 부분까지는 같은 결로 깨끗하게 깎여 있으나 옷깃 부분에는 미치지 않았다. 나아가 그 밑의 등 부분[몸체 부분의 암석]은 보다 거친 세로의 선으로 새겨져 있다.도44

이 상들도 보는 위치에 따라서 인상이 다르다. 마주 보아 왼쪽 상은 바로 밑에서 올려다보면 가슴과 양 팔 부분이 더 돌출되어 보인다. 그리고 머리가 뒤로 조금 기울어져 있어 몸체에 비해서 작게 보인다. 주변이 나무로 둘러싸여 있어도 두부와 상반신은 잘 보이지만, 하반신의 경우는 나무 그림자 때문에 잘 보이지 않는다. 부조인 몸체 부분은 이러한 명암의 차이에 따라서 더욱 입체감이 느껴진다. 오른쪽 상의 경우도 돌출되어 있는 손 때문에 머리가 잘 보이지 않는다. 전체적으로 2구 모두에서 강함이 느껴진다.

한편 파주 용미리 상들에서 특히 주목할 것은 상 뒤쪽의 끌 자국과 신체 부분이 땅 속에 묻혀 있는 부분이다. 이것은 마치 불상이 암석에서 출현하고 있는 상황을 단계적으로 표현하고자 한 것으로 생각된다. 아울러 몸체 아래 부분이 확실히 새겨져 있지 않은 것도 출현 중의 한 과정으로 볼 수 있다. 나아가 앞에서 서술한 구전에서도 알 수 있듯이, 불상 조성 이전부터 이 암석들은 단순한 돌이 아니라 기자(祈子) 신앙의 대상이 었다. 따라서 불상을 조성할 때도 원래의 암석을 존중하여 가능하면 그 모양대로 두고자 했기 때문에 이처럼 반쯤 완성된 것 같은 마애불이 된 것이다.

③ 논산 상월면 상도리(上道里) 마애 석불 입상

상월면(上月面)의 신원사에서 왼쪽으로 더 들어가면 용화사라는 굿당 이 나온다.[64] 마애불은 여기서 산 위쪽으로 더 올라가 중턱쯤에 남쪽을 바라보고 새겨져 있다. 마애불 앞은 꽤 큰 절터가 있었던 곳으로 추정되 며 상의 왼쪽에 우물이 아직도 남아 있다.

마애불은 근년에 발견된 것으로 상 높이가 6.1m에 달한다.[65] 거대한 암석군 중의 가장 앞부분 암석 단애에 몸체 부분은 선각으로 두부는 별 석으로 만들어졌다. 또 머리 뒷부분은 얇게 다듬은 판석처럼 만들어 바 위에 부착시키고 있다. 두부는 나발이며 커다란 육계가 표현되어 있다. 얼굴 생김은 조금 긴 편으로 근엄한 인상이다. 눈은 감고 있고 목에는 삼 도가 있다. 양 어깨는 안동 이천동 상처럼 자연석 위의 선을 그대로 사용 하고 있다. 어깨에서 아래의 체부는 선각으로 새겨져 있으며, 손 밑으로

---

64 신원사(新元寺)는 삼국시대 이래로 산신제를 지내던 곳이며, 특히 산신 신앙이 불교와 국가적인 신앙 대상으로 결합된 곳이다. 지금도 대웅전 뒤쪽에 조선 후기에 지어진 산신 제단인 중악단(中 嶽壇)이 남아 있다.

65 원래 절터 밑에는 7가구 정도가 살고 있었는데 1970년대 계룡산 정비 때 다른 곳으로 이주시켰 다. 마애불의 경우, 한때 머리 부분이 없어져 이 때문에 마을에 불화가 끊이지 않았는데 주민들의 노력으로 원래의 자리에 돌아오자 마을의 문제도 없어졌다고 한다. 지금도 이 불상은 영험이 많다 고 널리 알려져 특히 무속인들의 발길이 끊이지 않는다. 필자가 조사할 때도 용화사 앞에는 불상 으로 올라가 기도하려는 사람이 많았다. 관리인이 가방의 음식물 여부를 검사하여 무속인들은 가 지 못하도록 통제하고 있었다.

는 거의 알아볼 수 없다.도45·46

    이상과 같이 두부는 별석으로 만들고 체부는 암석에 부조나 선각으로 새긴 이형(異形)의 마애불에 대해서 살펴보았다. 이러한 형식의 원류는 통일신라 작례인 굴불사지의 서쪽 면 불상에서 시작하였고, 이후 고려시대에 많이 조성되었다. 이 일련의 불상들은 공통적으로 모두 거상(巨像)이며 몸체는 불신(佛身)보다는 자연석에 가깝다. 다시 말하면, 환조인 두부 조각과 원석의 상태에 가까운 불신의 표현은 극단적인 대조를 보인다. 이것은 앞으로 고찰할 '자연석의 모양을 살린 환조상'과 더불어 고려시대 불상 조각의 특징이며, 나아가 한국적인 마애불의 표현으로 볼 수 있다.

    특히 인체의 모습과는 관계없이 암석의 형태를 살린 불신의 표현이 주목할 만하다. 이와 같이 특이한 비례를 가진 불상의 정확한 조성 경위를 알려 주는 자료는 없지만 필자는 불상들을 하나씩 상세히 고찰하면서 이러한 일련의 마애불이 암석에서 출현하고 있는 출현불로 조성된 것으로 추정하였다. 다시 말하면, 바위 면에 얇은 부조나 선각으로 표현되어 있는 부분은 불신의 극히 일부분이다. 그리고 이것은 거대한 암석 전체가 지금 바로 불상이 서서히 출현하고 있는 진행형을 표현하기 위해 처음부터 의도적으로 고안된 형식이라고 생각한다. 이러한 표현에 더욱 효과를 높이기 위해 몸 아래 부분의 조각을 생략하여 거의 암석인 상태로 남겨 두거나 심지어 지면과 암석의 명확한 구분조차 두지 않기도 한다.

    또한 환조인 두부에서 이어지는 어깨가 자연석 그대로의 느낌을 주

도45 상월면 상도리 마애 석불 입상, 고려, 상 높이 610㎝, 충남 논산

도46 상월면 상도리 마애 석불 입상 측면

면서 동시에 불상의 형체를 표현하고 있는 것은 안동 이천동 마애불과 논산 상월면 상도리 마애불에서 확실히 알 수 있다. 또 불상을 새기기 위해서 돌출한 암석 부분을 깎거나 균열이 있는 부분을 피하거나 또는 메우지 않고 본래의 암석 형태대로 손이나 흉부를 표현한 모습은 파주 용미리 마애불에서 엿볼 수가 있다.

그렇다면 왜 이처럼 두부를 제외한 불상의 몸체 부분을 자연석 그대로 하고 몸체가 조각된 경우도 그 바위 면이나 그 주위를 중요시했는지 그리고 조각하기 힘든 암석에 군이 불상을 나타내려고 했는지가 의문으로 남는다. 결론적으로 불상의 몸체인 암석은 본래 영험이 있는 돌로, 즉 신령이 나타나 머물고 있는 신체(神體) 그것이며, 또는 이것에 준하는 성스러운 것으로 여겼음을 알 수 있다. 이러한 가설에 대해 두부에 별석을 더한 일련의 마애불이야말로 암석 신앙과 불상 숭배가 습합되어 생겨난 것임을 증명해 주는 좋은 예이다. 이상과 같은 고찰은 석불의 조성 배경을 어느 정도 분명하게 해 주고 있다.

그러므로 경주 굴불사지의 아미타불 입상과 안동 이천동 마애 석불 입상이 땅 속에서 출현했다는 기록과 전승이 있다는 것은 출현불로 조성한 배경을 더욱 뒷받침해 준다. 한 걸음 더 나아가 생각한다면, 위에서 살펴본 일련의 마애불들은 오랜 역사를 가진 민족 고유의 암석 신앙 위에 새롭게 찾아온 불상 신앙이 서로 겹쳐져 이 두 개가 하나가 된 복합적인 예배 대상이 새롭게 탄생한 것이다. 즉 신령스러운 암석에서 출현하는 불상을 두 개의 성스러운 것의 습합으로 파악하는 것은 지극히 자연스러운 발상이라 할 수 있다.

4) 자연석의 모양을 살린 환조의 작례

고려시대에 조성된 환조의 석불은 통일신라 양식을 계승하는 한편 마애불적인 요소가 강조된 환조상도 등장한다. 그것은 상이 새겨진 암석 재의 자연스런 표면을 없애고 상의 모양을 가다듬는 것에만 치닫지 않고 암석 본래의 이미지를 많이 남기고 있다. 이러한 경향을 가진 환조상은 거대화와 더불어 충청도, 경기도, 전라도 등의 지역에 조성되었고 특히 충청도에 많이 남아 있다. 석재는 한 개의 돌로 이루어진 것과 몇 개의 돌을 쌓은 것이 있으나 대체로 개략적인 모양은 장방형(長方形)에 가깝다.[66] 또 그 표현의 특징을 간략하게 서술하면, 신체 각 부분의 비례가 맞지 않아 신체는 거의 조형 표현의 영역에 들지 못하고 있다. 반면에 두부와 양 손은 비교적 완전한 모양을 이루고 있다. 그리고 신체 각 부분의 표현은 부조나 선각에 의해 동체에 밀착해 있다.

고려의 거대한 환조 석불 역시 통일신라의 환조상과 비교해서 한층 조형미가 떨어지는 것이 분명하다. 그러나 위와 같은 특징을 가진 장방형의 석불이 많이 조성되었다는 것은 고려시대 환조 석불의 하나의 양식으로 볼 수 있다. 먼저 여기서는 환조상을 세부 표현의 특징에 따라 다음의 세 가지로 분류하고자 한다.

① 풍부한 표현을 지향한 작례 : 논산 관촉사(灌燭寺) 석조 보살 입상,

---

66 돌로 환조상을 만들 때는 대략 다음과 같은 과정을 거친다. 먼저 절석(切石)으로, 즉 돌의 결 방향에 따라 필요한 돌을 잘라낸다. 무른 돌일수록 깨끗하게 잘린다. 돌의 표면은 그냥 사용할 수 없고 어느 정도 표면을 깎아낸다. 다음에 대략적으로 돌을 깎는다. 돌에 형상을 디자인하여 커다란 면을 만든다. 그리고 송곳 끌, 앞 끌 등을 사용하여 거칠게 돌을 조각한다. 마지막으로 마무리 과정으로 세부를 깎고 표면을 매끄럽게 한다.

부여 대조사(大鳥寺) 석조 보살 입상, 홍성 상하리(上賀里) 석조 여래
입상

② 암석 본래의 이미지가 조소(彫塑)적인 이미지보다 강한 작례 : 당진
안국사지(安國寺址) 석조 삼존 입상, 예산 삽교(揷橋) 석조 보살 입상,
중원 미륵사지 석조 여래 입상, 이천 어석리(於石里) 석조 여래 입상,
익산 고도리(古都里) 석조 보살 입상 2구, 화순 운주사지 석조 불상군

③ 특이한 옷 주름이 나타난 작례 : 아산 평촌리(坪村里) 석조 약사여래
입상, 화순 운주사지 석조 불상군

① 풍부한 표현을 지향한 작례

• 논산 관촉사 석조 보살 입상

논산 관촉사 경내에는 '은진미륵상(恩津彌勒像)'으로 불리는 총 높이가
18.12m인 고려시대의 환조상이 있다.[67] 상은 넓은 들판이 한눈에 들어
오는 언덕 위에 있다. 재질은 화강암이며, 천개와 발을 제외한 본체는 4
개의 거석을 쌓아올려서 조성하고 있다. 즉 두부와 상반신이 1개, 팔이
각각 1개, 하반신이 1개로 되어 있다.도47

상에 대한 기록에서 조성 배경에 대한 공통점을 정리해 보면, 고려

---

67 『신증동국여지승람』(조선 중종 2년, 1528년)에 이미 석미륵상(石彌勒像)으로 기록되어 있다. 실
제 관음보살상으로 조성되었으나 미륵불로 존명이 바뀐 점이 매우 흥미 깊다. 이 상은 고려시대를
포함해 조선시대에 이르기까지 미륵불로 신앙되어 왔다. 지금까지 조사된 것에 의하면 전국적으
로 분포하는 미륵불은 371구에 이르며, 지역적으로는 충청 63구, 전북 55구 등이다.(김원룡, 『미
륵불』, 대원사, 1998, p.63) 필자의 조사에 의하면, 미륵불로 불리는 석불은 환조상이나 마애불이
대부분 같은 양식적인 특징을 보이고 있다. 그것은 바로 상의 재료인 암석을 매우 중시하고 있다
는 점이다. 여기서는 이에 대해서는 깊이 다루지 않지만 미륵불로 신앙되고 있는 점에 주목하고,
이들의 조형과 신앙 관계에 대해서는 고찰을 필요로 한다.

도47 관촉사 석조 보살 입상 고려 1006년 높이 18.12m 충남 논산

광종 19년(968년), 반야산(般若山) 기슭에서 커다란 돌이 땅 속에서 용출하였다. 그 돌을 본 마을 사람들이 조정에 알렸다. 이후 조정에서 파견된 승려 혜명(慧明)[68]이 불사 백여 명과 함께 불상을 조성하여 목종 8년(1006)에 완성했다.[69]

상의 전체적인 비례는 두부가 몸체에 비해서 크다. 게다가 머리 위의 높은 보관과 천개 때문에 몸체가 더욱 짧아 보인다. 한편 면상, 보발(寶髮), 양 손, 천개의 연화문 등의 표현은 뚜렷하고 섬세하다. 또 옷 주름의 표현은 간략하지만 옷 끝자락에 미묘한 움직임을 표현하고 있다.

따라서 관촉사 상이 조성 연대를 알 수 있고, 암석재의 모양을 살린 환조상이며 그리고 부분적으로는 섬세한 표현이 보이는 점에서 여기서는 이 상을 중심으로 고찰하면서 이와 유사한 상들에 대해 함께 살펴보고자 한다.

먼저 관촉사 상은 두부에 높은 보관을 쓰고 있으며 그 위에 2중의 방형 천개가 올려 있다. 보관은 원추형(圓錐形)으로 3분의 2부분부터는 팔각형이며 천개의 8엽 연화문(八葉蓮華紋)에 정확히 연결되도록 만들었다.[70]

---

68 불사 혜명이 다른 불상의 제작에 관계했다고 하는 기록은 찾을 수 없고, 다만 법상종(法相宗) 계통의 인물로만 추측할 뿐입니다.(김두진,「고려 초의 법상종과 그 사상」,『고려초기불교사론』, 민족사, 1989, pp.258~259)

69 "在般若山, 有石彌勒, 高五十四尺. 世傳高麗光宗朝, 般若山麓, 有大石湧出. 僧慧明, 琢成佛."(『신증동국여지승람』, 18권,「恩津縣佛宇灌燭寺」)
   "灌燭寺事蹟銘, 稽古高麗光宗之十九年己巳, 沙梯村女, 採蕨干盤藥山西北隅. 忽聞有童子聲俄而進見則有大石, 從地中聳出. 心驚恠之, 歸言其女壻, 壻即告于本県. 自官, 叢秦上達, 命百官會議, 啓曰, 此必作梵相之兆也. 令尙醫院, 遺使八路, 數求掌工人, 成梵相者. 僧慧明應擧, 朝廷擢工匠百余人, 始事於庚午, 訖功於丙午, 凡三十七年也."…(「灌燭寺事蹟碑」,『조선금석총람』하, p.153)
   "馬邑之東百余里, 市津県中灌足寺, 有大石像弥勒尊. 俄出湧從地, 巍然雪色臨大野, 農夫刈稻充檀施, 時寺疣汗警君臣. 不獨口傳藏國史"…(『牧隱詩藁』, 24권,「詩」)

70 이러한 예로서 북한산 구기동 상과 제천 사자빈신사지(獅子頻迅寺址) 사사자(四獅子) 석탑 기단

고려 석불의 조형과 정신 ——

이 연결을 만들기 위해 의도적으로 보관을 높인 것 같다. 이처럼 상의 머리 위에 천개를 얹은 예는 드물며, 상 그 자체가 구조물로서의 역할도 하고 있음을 알 수 있다. 2중의 천개도 각 모퉁이 상부에 보주가 있으며 풍탁이 매달려 있다. 윗부분의 천개는 아래 부분의 것과는 달리 4엽 연화문이 간소하게 새겨져 있다. 또 보관의 정면에는 3단으로 4개씩 구멍이 있으며 이것은 화불을 붙였던 흔적으로 여겨진다.[71] 보관 아래에는 양쪽으로 세 가닥씩 보발이 배치되어 있으며 양쪽 귀 위에도 3단으로 늘어져 있다.

면상은 방형이며 양 뺨과 턱이 유난히 팽팽하다. 눈썹에서 콧등까지 흐르는 선은 간결하면서도 눈썹과 코의 윤곽선을 선명하게 하고 있다. 눈꺼풀은 넓고 눈은 반쯤 뜨고 있다. 콧잔등은 낮고 코끝은 둥그스름하면서 평평하게 옆으로 벌려져 있다. 코와 입의 간격은 짧고 커다란 입은 굳게 다물고 있으며 윤곽선이 확실하다. 귀는 보발로 덮여 있으며 길이는 2m이다. 그러나 얼굴 측면에 평면적으로 새겨져 있어 정면에서는 귓불밖에 보이지 않는다.

또 턱에 들어가 있는 한 줄의 음각 선 때문에 턱이 당겨져 있는 것처럼 보인다. 목 부분은 굵고 삼도는 음각의 선으로 처리되어 있다. 상이 가지고 있는 위엄과는 달리 세속적이라고도 볼 수 있는 상호이지만 한편으로는 늠름하고 숭고한 인상도 받는다.

내 좌상(1022년 조성)의 천개가 있다. 구기동 상의 천개도 8각으로 만들어 상의 머리 위 바위 면에 끼워 넣고 있다. 그 연화문의 장식은 관촉사 상의 천개에 장식되어 있는 것보다 화려하다. 또한 사자빈신사지 좌상의 천개 연화문의 표현도 훌륭하다.

71 「관촉사사적비」에도 3척 5촌의 금동불이 있었다고 전하며, 구한말까지 90㎝ 정도의 금동 아미타불 입상이 있었다고 한다.(황수영, 『한국의 불상』, 문예출판사, 1990, pp.409~410)

신체 부분은 일체감이 강해 사지(四肢)가 동체(胴體)에서 공간적으로 떨어져 있지 않다. 즉 두 팔도 동체에서 분리되지 않고 허리의 파임도 없고 두 다리의 구분도 전혀 없다. 다만 양 손만이 가슴 위에 크게 비교적 섬세하게 표현되어 있는데 팔에 비해서 주먹이 너무 크다. 오른손은 철제의 연꽃 줄기를 들고 있다. 법의는 통견이며 옷 주름은 두 팔에서 길게 늘어지고 흉부에서 호형(弧形)의 옷 주름 몇 개가 나타나 있다. 또 팔에서 떨어지는 옷 주름은 바람에 날리는 것처럼 끝이 말려 있다. 나아가 무릎 근처로 여겨지는 부분에 늘어져 있는 옷자락도 팔랑팔랑 흔들리듯 새겨져 있다. 이러한 옷 주름과 옷자락 표현은 거대한 석불에 동적인 이미지를 부여하고 있다. 발가락은 다른 돌로 만들어 본체에 끼워져 있다.[72] 발 사이에 구름 같은 문양이 새겨져 있다.도48 또 상과 2m 정도 떨어진 곳에는 장방형의 단을 설치하고 있다. 이는 구체적인 고찰이 필요하지만 연꽃과 줄기가 새겨져 있는 것으로 보아 연지(蓮池)일 가능성도 배제할 수 없다.

측면관은 정면에 비해 깊이가 적지만 이등변삼각형에 가까워 안정감이 있다. 그러나 뒷면에는 전혀 조각이 되어 있지 않고 두부와 등 쪽에는 원래부터 있었던 것으로 여겨지는 거친 끌 자국이 있다. 또 하반신에도 가늘고 긴 세로선의 끌 자국이 얇게 남아 있다.도49·50

다음으로 상이 새겨진 원래의 암석에 대해서 고찰해 보고자 한다. 우선 앞에서 살펴본 기록에 의하면, 암석은 원래부터 현재의 자리에 있었

---

72 다른 돌로 발을 만들어 상의 본체에 끼웠던 표현은 삼국시대의 마애불에서 보이기 시작한다. 단석산 미륵 본존, 선도산 마애 삼존불의 본존 그리고 통일신라의 남산 약수곡 마애 대불이 이런 형식이다. 한편 고려시대의 거대 석불에서는 이러한 발의 표현을 거의 볼 수 없다.

던 것이 아니라 땅 속에서 용출했던 돌이었으며, 돌 그 자체가 큰 의미가 있는 중요한 것이었다. 나아가 당시 이 상의 조영은 국가적인 차원의 불사로 38년이라는 시간이 걸렸다. 이는 불상 조성을 적당히 했거나 또는 도중에 중지하지 않았음을 의미한다. 그럼에도 불구하고 비례가 맞지 않는 부자연스런 모습을 하고 있는 것은 그 나름의 어떤 의미가 있다고 생각한다. 즉 솟아나온 기적 그 자체가 사람들 사이에 회자되었을 만큼 중요한 암석의 모양을 가능하면 손상시키지 않으면서 상을 표현하고자 했던 것으로 여겨진다. 따라서 관촉사 상

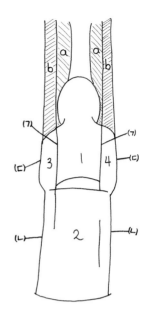

삽도1 관촉사 석조 보살 입상 뒷면도

은 이러한 암석재와 상과의 심상치 않은 관계를 염두에 두면서 상의 윤곽선이나 바위 면을 고찰하는 것이 대단히 중요한 작업이다.

앞에서 말한 것처럼 상은 4개의 돌로 이루어져 있다.**삽도1** 이 중에서 잘라낸 암석재를 가장 많이 깎아 내고 있는 것은 보관, 머리 부분, 상반신이 새겨진 돌(1)이다. 그런데 만약 이 돌이 양 팔의 2개의 돌(3, 4)과 1개의 덩어리였을 경우는 어깨 폭에 해당하는 부분(a)까지도 파내야 한다. 즉 상반신 이상을 3개의 돌에 각각 조각해서 짜 맞춘 것은, 본래의 암석을 어깨 폭에 해당하는 부분(a) 정도 파내지 않고 상을 조각할 수 있는 가장 효과적인 방법으로서 고안된 것으로 여겨진다. 또 양 어깨의 돌(3, 4)은 하반신의 돌(2)에 올려놓을 수 있는 크기로 잘라냈기 때문에 양 어깨와 양 손을 표현할 공간이 매우 좁아져 어쩔 수 없이 부자연스러

도48 관촉사 석조 보살 입상 발 부분

도49 뒷면 상반신

도50 뒷면 하반신

운 모습을 취하게 되었을 것이다.[73] 게다가 양 손이 크게 표현된 것은 양 어깨의 두께에 어느 정도 맞추기 위해서는 어쩔 수 없었을 것이다.

또 양 어깨 돌 (3)(4)의 외곽선 (ㄷ)과 내선 (ㄱ)을 비교해 보면 외 곽선 (ㄷ)은 자연 그대로이며 (ㄱ)은 잘라낸 면임을 알 수 있다. 이것에 의거하여 하반신 돌 (2)의 외곽선 (ㄴ)을 관찰해 보면 양 어깨의 외곽선 (ㄷ)과 같이 자연석의 모양을 그대로 윤곽선으로 사용하고 있다.

돌의 표면을 보면, 정면과 측면은 부조로 옷 주름 선을 표현하면서 표면 가공을 하고 있으나 뒷면은 거의 자연 그대로이다. 이러한 표면 처 리도 원래 암석의 흔적을 남기고자 하는 의도로 볼 수 있다. 그래서 뒷면 의 징 자국은 매우 불가사의한 느낌을 받으나 이에 대해서는 다른 상들 을 고찰하면서 종합적으로 판단하고 싶다.

• 부여 대조사 석조 보살 입상

대조사 석조 보살 입상은 관촉사 석조 보살 입상과 가까운 지역에 있 고 양식도 유사하여 고려시대 작품으로 여겨진다.[74] 이 상은 전승에 의하 면, 어느 날 한 노승이 바위 아래에서 수행하던 중 커다란 새 한 마리가 바위 위에 앉아 있는 것을 보고 졸았다. 잠시 후 일어나 보니 어느 사이 에 바위가 미륵 보살상으로 변해 있었다. 이 때문에 대조사(大鳥寺)라 불 리게 되었다.[75]

---

73 수인의 표현과 가슴 앞의 공간 확보를 위해 손목을 비틀고 있으며 손가락도 굽어 있다.

74 김리나, 「고려시대석불연구」, 『고고미술』, 제166·167호, p.66; 『국보』 4 - 석불, 죽서방, 1985, pp.217~218.

75 이정, 앞의 책, p.127. 또 「대조사연기」에 의하면 백제의 승려 겸익(謙益)의 꿈에 나타난 관음보살 이 커다란 새로 변해서 날아갔다. 그 뒤를 따라가 보니 너무 아름다워 그곳에 사원을 세웠기 때문 에 대조사라 부르게 되었다고 한다.

도51 대조사 보살 입상, 고려 높이 10m, 충남 부여

상은 산 중턱에 전방이 탁 트이는 곳에
조성되어 있으며 총 높이는 10m이다. 상의
왼쪽은 암벽이며 그곳에 커다란 노송이 우
산을 펴 주고 있는 것처럼 상 쪽으로 기울
어져 있어 신비한 분위기를 자아내고 있다.
오른쪽은 절벽이며 그 밑에 대조사가 있다.
재질은 화강암이며 천개를 제외하고 하나
의 돌로 되어 있다.도51

도52 대조사 석조 보살 입상 뒷면

전체적인 형식은 관촉사 상과 거의 비슷
하다. 다만 얼굴 생김에 볼륨이 없다. 또한
이중 천개에서 상부의 천개가 너무 작고, 천개 하단의 연화문이 가는 선
으로 새겨져 있다. 그리고 두 손의 표현도 간략하다. 가슴의 장식이나 두
꺼운 통견의 표현도 조금 다르다. 상의 표현 기법을 보면, 두부와 양 손
은 가장 확실하게 나타나 있고 그 밑으로 갈수록 얕게 표현되어 있다. 손
은 몸체에 밀착되어 있다.

이 상에서 주목할 점은 하반신의 밑 부분이다. 발과 대좌가 없다. 상
의 모습이 아직 암석에서 완전히 나오지 않은 것처럼, 다시 말하면 지금
도 암석에서 용출하고 있는 것처럼 지면과 연결된 부분이 자연석 그대
로이다.

또 몸체 외곽선은 원래의 암석 모양을 살리고 있으며 이것은 관촉사
상에서 논했던 암석과 상과의 관계에 상응한다. 상 앞에는 돌로 만든 공
양단이 있다. 이로 인해 정면에서 보면 상의 발 앞쪽은 감추어져 하반신
의 조형이 계속되고 있는 듯한 착각을 일으킨다. 측면과 뒷면은 거의 아

무엇도 새기지 않은 원석 그대로이다. 전체적으로 이 상은 거대한 암석의 이미지를 보다 강하게 남기고 있다.도52

• 홍성 상하리 석조 여래 입상

홍성 상하리 석조 여래 입상은 용봉산의 중턱에 남쪽을 향해 조성되어 있고, 상 높이는 7m이다. 앞에서 말한 신경리 마애 여래 입상이 있는 용봉산 반대쪽의 중턱에 있으며 예부터 미륵불로 불려 왔다. 상 주변은 암벽이며 그 앞에는 작은 암자가 있다.도53

상의 두부는 두건 같은 것을 쓰고 몸체는 거의 자연석 그대로이다. 몸체의 앞, 옆, 뒤의 각 면에 끌 자국이 잘게 새겨져 있다.도54·55 그리고 얼굴의 각 부분과 양 손만을 확실하게 조각하고 법의나 발은 거의 나타나 있지 않다. 특히 양 손은 몸체에 밀착해 있으며, 손의 표현을 보면 두툼한 체부에 어울리지 않을 정도로 섬세하다.

이 상은 위의 대조사 석조 보살 입상과 비교해 더욱 자연석의 상태를 많이 남기고 있다. 또 끌 자국은 관촉사 석조 보살 입상 뒷면에 새겨져 있는 끌 자국을 상기시킨다.

이상으로 자연석의 모습을 살렸던 환조의 작례 중에서 풍부한 표현을 지향했던 예로서 관촉사 석조 보살 입상, 대조사 석조 보살 입상, 홍성 상하리 석조 여래 입상 등을 고찰했다. 이 상들의 공통적인 특색은 앞에서 서술한 자연석의 모습을 살렸던 환조 작례의 일반적인 특징 그대로이다. 한편 이 상들의 표현 기법을 비교 검토해 보면 흥미 있는 점이 눈에 띈다. 즉 세 작품 모두 머리 부분과 양 손은 어느 정도 확실히 하고

도53 상하리 석조 여래 입상, 고려, 높이 700㎝, 충남 홍성

도54 상하리 석조 여래 입상 뒷면

도55 상하리 석조 여래 입상의 몸체에 난 끌 자국

있으나, 몸체 부분은 관촉사 상보다 대조사 상이, 또 대조사 상보다 홍성 상하리 상 쪽이 자연석의 이미지가 강하다. 이것은 동일한 기법을 사용하면서 세부 표현에서는 간략화되고 있는 순서를 보인 것이다.

따라서 관촉사 상을 비롯하여 위의 세 작품들은 조형미보다는 자연석 본래의 모습을 지키는 것을 강하게 의식했던 작례로서 이해해야 한다. 조각과 비조각(非彫刻)의 두 세계가 동시에 공존하고 있으며 그것은 사상 종교와 자연 신앙과의 습합이 자연스럽게 이루어진 작례이다.

② 암석 본래의 이미지가 조소적(彫塑的) 이미지보다 강한 작례

암석재의 모습을 살렸던 환조상 중에서 길쭉한 장방형을 하고 있는 석불이 있다. 높이가 거의 5m 이상의 거대 석불이 대부분이다. 이러한 상들의 공통점은 목 부분만을 조금 깎아 머리와 몸체를 구분하고 측면과 뒷면을 포함해 다른 곳은 암석재의 면을 거의 그대로 남기고 있다는 점이다.

또한 상의 표현도 매우 간결하게 처리되어 마치 현대 추상 조각 같은

218

인상을 준다. 상의 구조는 천개와 같은 판석이 머리 위에 올려져 있으며 대좌는 없고 바로 지면에 세워져 있다. 신체의 세부 표현은 얼굴과 양 손에 중점을 두고 있다. 주로 양 손과 옷 주름은 부조로 표현하고, 팔은 동체에서 떨어지지 않고 밀착해 있다.

이러한 추상적이라고도 말할 수 있는 작례도, 풍부한 표현을 지향했던 작례와 마찬가지로 암석재의 모양을 가능하면 살리고 있음에 주목해 그 세부 표현을 살펴보자.

• 당진 안국사지 석조 삼존 입상

충남 당진의 안국산 기슭에 있는 안국사지(安國寺址)에 2구의 협시보살[좌협시 355㎝, 우협시 170㎝]과 함께 조성되어 있다. 삼존상 뒤에는 배 모양의 커다란 암석이 있고 앞에는 오층 석탑이 있다. 삼존은 각각 하나의 돌로 만들어져 있으며 남쪽을 향해서 매우 전망 좋은 장소에 세워져 있다.도56

먼저 본존의 상 높이는 491㎝이다. 천개와 같은 방형의 판석이 보관 위에 올려져 있으며, 정면에서 보면 보관 부분에 그림자가 생겨 천개가 머리 부분에 직접 올려져 있는 느낌은 없다. 마치 불상이 판석 속에 서 있는 것처럼 안정감마저 주고 있다. 또 얼굴의 윤곽선이 주위의 음영과 조화되어 선명하게 떠올라 입체감이 느껴진다. 이것은 판석의 크기와 보관의 높이를 얼굴까지 그림자가 떨어지지 않도록 배려해서 만든 것으로 여겨진다.

얼굴 생김은 미소를 띠고 있으며 귀여운 모습이다. 특히 부조로 눈썹에서 코를 표현하고 있는 선이 매우 자연스러우며 면상의 측면까지 길

도56 안국사지 석조 삼존 입상, 고려, 본존 높이 491㎝, 충남 당진

도57 안국사지 석조 삼존 입상 뒷면

게 늘어져 얼굴 윤곽선과 이어져 있다. 또 눈도 눈썹과 동일하게 한 줄기의 가늘고 긴 선만으로 표현하고 있다. 콧잔등은 낮고 코끝은 둥그스름하여 소박한 느낌이 든다. 입술이 도톰해서 입은 작지만 눈과 함께 얼굴전체의 표정을 매우 편안하게 해 준다.

몸체 부분은 부조로 양 팔과 양 손만이 표현되어 있다. 오른손은 가슴에 대고 왼손은 배 앞에 붙이고 있는 자세를 취하고 있으나, 양 팔의 팔꿈치의 구부러짐이 매우 자연스러운 것이 인상적이다. 수인은 엄지와 중지를 대고 있어 아미타의 중품중생인(中品中生印)이다. 또 손가락은 길게 표현되어 시선을 집중시킨다. 옷 주름은 보이지 않는다. 측면과 뒷면은 잘라낸 암석재의 표면 그대로이나 전체의 윤곽선이 둥그스름하여 곡선미의 부드러움을 느끼게 해 준다.

우협시 보살상은 당초 같은 문양이 새겨진 높은 보관을 쓰고 있다. 얼굴은 미소를 띠고 있어 한층 더 귀여운 표정이다. 수인은 중존과 같으며 팔과 손의 표현도 같다. 가슴 장식과 팔찌가 있으며 오른팔 부분에 천의로 보이는 것을 조금 걸치고 있다. 그러나 몸체 부분에는 옷 주름이 보이지 않는다. 한편 좌협시 보살상의 머리 부분은 결실되어 전체 모양을 알 수 없다. 다만 손의 위치가 우협시 보살상과는 거꾸로 되어 있을 뿐 나머지는 같다. 옷 주름은 얇은 선각이며 측면과 뒷면의 조각은 생략되어 있다.**557**

• 예산 삽교 석조 보살 입상

충남 예산 수암산(秀岩山) 중턱 전망이 매우 좋은 곳에 남쪽을 향해 서 있다. 상 높이는 5.3m이다. 두 개의 석재를 쌓아올려 조성해 놓았다. 팔

도58 삽교 석조 보살 입상 측면과 뒷면, 고려, 높이 530cm, 충남 예산

각형의 천개와 같은 판석이 머리 위에 올려져 있으며 옷 주름이 지면까지 내려와 있다. 양 뺨과 턱에 볼륨이 있으며 특히 귀는 꽤 크고 입체감이 느껴진다. 또 어깨는 둥그스름하면서 좁다. 오른손은 가슴 위에, 왼손은 밑으로 내려져 있어 상반신이 보다 길게 느껴진다. 오른손에 석장형(錫杖形)의 지물을 들고 있어 지장보살로 여겨진다. 이 상은 산기슭의 마을에서 얼굴이 확실하게 보인다. 즉 머리 부분의 입체감은 그것을 위해 강조한 것으로 여겨진다.도58

• 중원 미륵사지 석조 여래 입상

이 상은 충북 중원의 미륵사지 본존으로서 인공 석굴에 안치되어 있다. 상 높이는 10.6m이다.[76] 상 앞에는 팔각 석등, 오층 석탑, 사각 석등 등이 남아 있으며, 가람 터의 크기로 보아 창건 당시는 규모가 있던 사찰로 추정된다. 특이한 점은 절터와 불상이 북쪽을 향하고 있다.[77]

상은 여섯 개의 석재를 쌓아올려 만들어져 있다. 얼굴의 중심과 신체

---

76 중원(中原)은 삼국 이래 중요한 군사 거점지로 고구려, 백제, 신라의 북진이나 남침의 중요한 통로로 이용되었다. 통일신라, 고려, 조선은 물론 최근까지 생활 도로로 그 중요성은 변하지 않았다. 이처럼 삼국 이래 교통과 군사의 요진(要鎭)이었던 이 일대가 불교의 성지가 된 것은 우연이 아니다. 여기에 조영된 미륵리 석굴 사원의 점정(占定) 위치와 규모로 판단해 보면, 개인의 원당(願堂)이 아니고 국가적인 발원으로 비보(裨補)와 호국의 측면에서 조영된 것으로 보고 있다.(『미륵리사지발굴조사보고서』, 청주대학교박물관, pp.10~12) 또 상과 관련된 전승에 의하면 통일신라 말 마의태자(麻衣太子)가 나라의 멸망을 비통히 여겨 여기에 와서 불상을 만들었다고 한다.

77 북향(北向) 사찰은 동절 건기에 북쪽에 화재가 발생할 경우 북서풍이 불면 사찰 전체가 연소할 위험성이 크다. 또 금당의 경우 전실에 불이 붙으면 지붕을 통해서 주실 상부 구조까지 연소되고 북쪽 면만 열린 석실이 연통 역할을 해서 전부 타 버리기 쉽기 때문에 이러한 점이 사원 조영에서 고려되었다. 한편 고대 가람의 창건에 있어 방위 문제는 가람의 경영 목적과 일치하는 경우가 많았다. 이로 미루어 보면 미륵사지의 북향에는 사원의 창건 배경과 관계가 있을 것이다.(청주대학교박물관, 앞의 책, pp.70~72)

도59 미륵사지 석조 여래 입상, 고려, 높이 10.6m, 충북 중원

의 중심이 일치하지 않고 몸체 부분이 오른쪽으로 기울어져 비틀려 있는 점이 매우 독특하다. 면상은 양 뺨의 볼륨에 비해서 얼굴 중심 부분이 평면이다. 또 세부 표현은 하나하나 정성스럽지만 현실감이 없는 것처럼 느껴진다. 즉 눈은 윤곽선만을 나타내 눈동자가 없고 콧잔등은 날카롭고 입은 온화하기 때문에 전체적으로 표정의 균형이 조화롭지 않다. 오른손은 가슴 앞에 들고 있고, 왼손은 손바닥으로 연꽃 봉우리를 받치고 있다. 옷 주름은 선각으로 가늘게 밑까지 새겨져 있고 발도 표현되어 있다. 측면과 뒷면에는 법의의 옷깃 선이 새겨져 있다.도59

• 이천 어석리 석조 여래 입상

이 상은 경기도 이천시 어석리(於石里) 마을의 당(堂)에 모셔져 있던 것이다. 현재 당은 없어졌지만 예부터 마을 사람들에 의해서 미륵불로서 신앙되어 왔다. 상은 두 개의 석재로 되어 있으며, 천개와 같은 판석이 올려져 있다. 머리 부분은 정방형이며 몸체 부분은 장방형이다. 또 측면의 두께가 정면과 거의 같기 때문에 상 전체를 처음부터 환조로 조각해도 충분한 모양이다. 그럼에도 불구하고 몸체 부분은 정면만을 얇은 부조로 하고 있다.도60

면상은 눈꼬리가 내려와 있어 웃고 있는 눈매이며, 입은 웃음을 참고 있는 것처럼 작게 표현되어 있다. 수인은 시무외인, 여원인을 나타내고 있는 것 같고 양 손목과 양 손이 조금 굵어 얼굴의 부피감과 잘 어울린다. 법의는 통견으로 두껍게 새겨져 밑까지 드리워져 있으나 흉부의 옷 주름은 양 손과 더불어 설명적이다. 발에도 두꺼운 옷자락이 걸려 있으며 대좌 없이 지면에 직접 세워져 있다. 측면의 상부는 옷 주름이 보이나

도60 어석리 석조 여래 입상, 고려, 높이 432cm, 경기 이천

도61 어석리 석조 여래 입상 측면

도62 어석리 석조 여래 입상 뒷면

밑 부분과 뒷면에는 조각의 흔적은 보이지 않고 세로줄의 가느다란 끌 자국이 남아 있다.도61·62

• 익산 고도리(古都里) 석조 보살 입상

익산 금마면에서 왕궁리(王宮里) 오층 석탑 쪽으로 가면 들판 가운데에 석불 2구가 세워져 있다. 모두 높이가 4.2m이다. 두 상은 약 200m 정도 떨어져 마주 보고 있다.도63 그 사이에는 옥룡천(玉龍川)이라는 작은 개천과 다리가 있다. 이 두 상은 한 개의 돌로 만들었으며 같은 모양이다. 다만 서쪽의 불상에는 수염이 있어 남상(男像), 동쪽의 불상은 여상(女像)으로 여겼다.[78] 또 서쪽의 상은 왼쪽 어깨가 조금 내려와 있으나 석재 본래의 모양 때문인 것 같다.

여기서는 동쪽 석조 보살 입상을 중심으로 고찰해 보자. 장방형의 한 개의 돌에 보관, 머리 부분, 몸체 부분이 희미하게 구분되어 있다. 그리고 보관의 정면과 목의 극히 일부분만 새겨져 있다. 이 입상은 석재 본래의 모양을 살려내면서도 충분하게 불상을 표현하고 있는 좋은 예이다.

몸체 부분을 살펴보면 옷 주름 선, 양 손, 발 등이 있으며 통견 형식을 취한 옷 주름은 두 줄의 선으로 어깨부터 발끝까지 자연스럽게 표현되어 있다. 이 선은 몸체 부분의 기다란 양쪽 윤곽선과 더불어 단순한 아름

---

78 구전에 의하면 이 두 상은 남성상과 여성상이다. 이처럼 멀리 떨어져 있어 보통 만날 수 없다. 1년에 한 번 음력 12월 해일자시(亥日子時)에 옥룡천이 얼면 만나, 날이 밝으면 각자의 위치로 돌아간다고 한다. 또 동쪽의 「석불중건기(石佛重建記)」(조선 철종 9년, 1858년)에 의하면, "금마(金馬)는 익산의 옛 읍으로 동, 서, 북의 3면이 전부 산으로 막혀 있다. 하지만 남쪽만이 열려 있어 물이 전부 흐르기 때문에 읍의 수문의 허한 곳을 막기 위해 불상을 세웠다."고 한다. 또 일설에는 금마의 주산인 금마산의 형상이 마치 말의 모양과 같기 때문에 말에는 마부가 필요하여 마부로서 인석(人石)을 세웠다고도 한다.

고려 석불의 조형과 정신 ──

도63 고도리 석조 보살 입상 전경, 고려, 높이 420㎝, 전북 익산   **도64** 고도리 석조 보살 입상 중 동쪽 불상

다움을 느끼게 해 준다.도64

또 양 손은 가슴 밑에 놓여 있다. 이런 위치는 어깨선에서 양 손까지 길이와 어깨에서 두정(頭頂)까지가 거의 같은 높이로 두부와 양 손이 한 눈에 들어온다. 만약 양 손이 지금 위치보다 밑에 있었다면 상에 대한 시선이 두 곳으로 분산되어 조금 느슨한 인상이 들었을 것이며, 또 이보다 위에 있었다면 다소 답답한 느낌이었을 것이다. 나아가 손가락을 끼고 있는 양 손은 온화한 얼굴의 표정을 어느 정도 긴장시켜 주는 역할도 해 준다.

발은 단순하고 귀엽게 표현되어 상 전체에 안정감을 주고 더불어 대좌에 안전하게 서 있는 인상을 준다. 측면과 뒷면은 조각이 되어 있지 않고 돌 본래의 두께가 느껴진다.

• 화순 운주사지 석조 불상군

전남 화순군 도암면에 있는 운주사(雲住寺)에는 진귀한 석불군(石佛群)이 있다.[79] 현재 경내에 산재해 있는 석불은 91구에 달하고 보존 상태가

---

79 운주사는 전남 화순군 도암면 용강리 북천(北川)의 작은 분지 속에 위치하고 있다. 풍수지리적으로 전형적인 비산비야(非山非野)의 지역으로 지금도 명당을 찾는 풍수가의 발길이 끊이지 않는다. 이곳은 나주, 영암, 장흥, 화순 지방 등의 경계가 만나는 곳이다. 운주사를 둘러싸고 있는 산맥의 맞은편 쪽은 나주평야가, 북쪽에는 화순평야가 있다. 남쪽은 장흥의 깊은 계곡과 연결된다. 운주사에서 2km 정도 떨어져 있는 승시장(僧市場)은 평야 지대와 산간 지대가 접하는 곳으로 옛날에는 일반인과 승려들의 시장이 열렸다. 또 운주사에 관한 많은 전설이 전해지고 있는데 그것을 유형적으로 정리해 보면 다음과 같다. 하나는 하룻밤에(운주 도인 또는 도선 국사에 의해) 운주사에 천불천탑을 세우면 수도가 옮겨진다는 것이 기본적인 내용이다. 또 다른 하나는 이곳은 왕이 태어날 장소이나 태어나지 못하게 기를 바꾸어야 하므로 천불천탑을 세웠다는 것이다. 전설이 모두 국가의 흥망과 관계가 있다.(송기숙, 「운주사천불천탑관계설화」, 『운주사종합학술조사 - 1991』, 전남대학교, 1991, pp.350~351)

좋아 전모를 파악할 수 있는 것은 53구 정도이다.[80] 일부를 제외하고 석재는 운주사 일대의 암질에서 잘라내기 쉬운 거친 재질의 화산역응회암(火山礫凝灰岩)이다.도65

먼저 운주사지 석불의 주요한 특징을 정리해 보면, 앞에서 서술했던 암석재의 원래 모양을 살린 환조의 작례들과 같은 특징을 가지고 있다. 다만 얼굴 생김과 옷 주름이 특이하다는 점이다. 여기서는 운주사 와불(臥佛)에 대해서만 간략히 살펴보자.

와불은 운주사 서쪽 능선 정상 부근의 지면에 노출된 넓은 바위 면에 조성되어 있다.[81] 머리 부분은 남쪽에 해당하는 경사면 밑 부분에, 발 부분은 북쪽에 해당하는 경사면 위쪽으로 해서 누워 있다. 불상을 발 부분 쪽에서 보아 왼쪽에는 좌상, 오른쪽에는 입상이다. 모두 고부조로 상의 윤곽을 도드라지게 표현했으며 옷 주름은 선각이다.도66·삽도2

우선 이 와불은 상의 형식이 좌상과 입상임에도 불구하고 세워서 안치되지 않고 지면에 누워 있는 점이 대단히 특이하다. 이에 대해 종래의 연구에서는 불상을 세우려고 했으나 돌의 재질이 단단하여 잘라낼 수 없었다는 것이 일반적인 견해이다. 따라서 결국 이 상들은 미완성의 작례로 취급되기도 한다. 하지만 당시 불사들이 이 일대의 수많은 불상을 조각함에 있어 가장 기본이라 할 수 있는 돌의 성질을 파악하지 못했다는 것은 상식적으로 납득할 수 없다. 나아가 누워 있는 바위에 거대 불상

---

80 1990년 조사에 의하면 좌상 10구, 입상 56구, 와상 2구, 마애 1구, 불명(불두) 22구 등 전부 91구가 조사되었다.(이태호·임영진, 「운주사 불적의 분포와 변천」, 『운주사종합학술조사 – 1991』, 전남대학교, 1991, p.23)

81 좌상의 상 높이는 4m이며, 머리 폭은 2.67m, 어깨 폭은 3.4m, 무릎 폭은 6.23m, 불상의 두께 0.8m이다. 입상의 상 높이는 2.61m이며, 머리 폭은 1.15m, 어깨 폭은 1.74m이다.

도65 운주사지 불상군, 고려, 전남 화순

도66 운주사지 와불, 고려, 좌상 높이 400㎝ 입상 높이 261㎝, 전남 화순

을 조성한 후 떼어낸 어떤 작례도 찾아
보기 어렵다. 따라서 이는 처음부터 좌
상과 입상을 누워 있는 바위에 조각한
것으로 볼 수 있다.

　또한 불상이 일어서면 왕조가 바뀔
것이라는 와불과 관련된 구전을 생각해
보면 그 조성 의도가 충분히 납득된다.
즉 조성자는 언젠가는 일어설 입상과
좌상을 상상하며 누워 있는 바위에 조
성한 것으로 이해할 수 있다. 한편 필자
가 이 와불에서 흥미를 가지는 것은 옷

삽도2 운주사지 와불도

주름의 표현이다. 이것에 관해서는 다른 운주사지 상들에 표현된 옷 주
름과 함께 간략히 살펴보자.

　③ 특이한 옷 주름이 나타난 작례

　특이한 옷 주름이 나타난 대표적인 예는 운주사 석불군 이외에 아산
평촌리 약사여래 입상이다. 이 상은 충남 아산군 평촌리 뒷산 기슭에 조
성되어 있다. 주위는 옛 이름을 알 수 없는 절터가 있고 현재는 용담사(龍
潭寺)라는 작은 절이 있다. 상은 남쪽을 바라보고 있고 본체는 얇은 판 같
은 하나의 돌로 되어 있다. 상의 높이는 5.45m이다. 상 뒤에는 돌을 2단
으로 쌓아 상이 넘어지지 않도록 받치고 있다. 발도 별석으로 만들어 본
체에 끼워져 있다.도67

　두부는 나발이며 삼도를 목 부분 전체에 나타내고 있다. 두 손은 약

도67 평촌리 석조 약사여래 입상, 고려, 높이 545cm, 충남 아산

도68 평촌리 석조 약사여래 입상 측면과 몸체 부분

합(藥盒)을 쥐고 있으며 두부에서 발까지 균등하게 좌우대칭을 이루고 있다. 두부를 제외하고는 얕은 부조와 선각이다. 몸체 부분이 두부에 비해 길고 거의 장방형이다.

눈썹은 활처럼 휘어져 있고 눈은 반쯤 뜨고 있다. 콧잔등은 높지 않으나 윤곽은 확실하다. 눈썹, 눈, 콧방울에는 음각 선을 넣고 있으며, 또한 얇은 입술과 굳게 다문 입과 더불어 얼굴 전체가 긴장된 느낌이다. 양쪽 귀는 서 있는 귀로 귓바퀴의 윤곽선이 두껍다. 귓불은 어깨까지 내려와 끝이 조금 굽을 정도로 크다. 이러한 얼굴의 세부적 표현과 큰 알갱이의 나발, 두꺼운 삼도는 얼굴을 둘러싼 표현에 중압감을 더하고 있다. 법의는 통견이며 몸에 밀착되고 소매 옷자락은 말려 있다.

옷 주름의 표현을 보면 약합부터 양 무릎 부분까지는 3단의 동심원 문양이 점점 크게 나타나 있다. 특히 양 무릎 부분의 동심원이 가장 크게 나타나 있어 인상적이다.도68 두 다리 사이에 패임을 넣어 약합을 잡고 있는 손 밑에서부터 흐르듯이 나타나 있다. 가슴 부분의 옷 주름은 팔목 쪽에서 어깨 쪽으로 넓어지고 있다. 이 옷 주름 선의 표현은 통상의 바람에 의한 움직임의 묘사로는 볼 수 없다.[82]

이러한 이형(異形)의 옷 주름은 운주사의 석불에서 많이 보이는 표현이기도 하다. 게다가 운주사 석불군의 경우는 이형의 옷 주름 선과 상 주위의 화염문은 여래의 보이지 않는 신력(神力)을 눈에 보이게 나타내는 기(氣) 또는 에너지의 발산으로 볼 수 있다. 따라서 아산 평촌리 약사여래 입상의 옷 주름도 운주사 석불과 동일한 목적, 즉 여래의 신비적인 힘을

---

82 고려 중기 이후로 추정되는 함안 대산리 석조 삼존 입상 중 양협시 보살 입상의 양쪽 무릎 위에도 동심 타원형 옷 주름이 좌우대칭으로 새겨져 있다.

도69 운주사지 북측 불감상, 고려, 상 높이 120㎝

삽도3 운주사지 북측 불감상도

도70 운주사지 남측 불감상, 고려, 상 높이 120㎝

삽도4 운주사지 남측 불감상도

나타낸 것이다.도69·삽도3, 도70·삽도4

또 평촌리 상에서 주목하고 싶은 것은, 이 상도 암석에서 출현했다고 하는 기적을 나타내려는 표현 의도가 보인다. 우선 측면에는 옷 주름 선이 연장되어 있으나 뒷면에는 없고, 뒷면은 암석에서 잘라냈던 흔적을 그대로 남겨두고 있다. 또한 마애불의 조각 기법처럼 두부는 약간 고부조로 표현하고, 신체 부분은 얕은 부조와 선각으로 나타내고 있다. 이러한 기법은 마치 어딘가의 절벽에 새겨져 있던 마애불을 그대로 잘라온 것처럼 여겨진다. 만약 이 상에서도 출현을 표현하고자 하는 의도가 숨겨져 있었다면 이형의 옷 주름 선은 바위에서 나오는 여래의 동적(動的)인 에너지의 표현으로 생각해도 좋을 것이다.

(3) 고려 석불의 바위와 상과의 관계

1) 고려 석불의 석재관(石材觀)

고려 석불에서 상이 조성된 암석들 중에서 필자가 주목하고 싶은 점은 마애불 중에서 상의 재료인 암석이 자연의 바위 그 자체의 모양이나 표면을 살리고 있는 것이다. 그리고 환조상 중에서 장방형 형태 암석의 절단한 면이나 모양을 인위적으로 가공하지 않은 것이다.

이러한 암석재에 대한 고찰은 이미 각 작품 속에서 조금씩 서술했지만 여기서는 고려 석불 전반에 걸쳐 정리하여 고려 석불에 나타난 표현 양식의 공통점을 찾는 실마리로 삼고자 한다. 다시 말해 석재 크기나 암석 종류와 같은 일반적인 재질론이 아니고 원래 암석에 대해서 어떠한 생각을 가지고 불상을 조성했는가에 중점을 두고 고찰해 보고자 한다.

고려 석불의 조형과 정신 ——

① 석재의 암석에 관한 기록과 전승

먼저 암석에 관해 남겨진 사료를 정리해 보면, 논산 관촉사 석조 보살 입상에 관한 기록에는 반야산 기슭에 커다란 돌이 용출하여 혜명 스님이 깎아서 상으로 만들었다. 또 사제촌의 여인이 반야산의 서북 귀퉁이에서 나물을 캐려고 할 때 홀연히 동자의 소리가 들려서 바로 나아가니, 큰 돌이 있어 땅 속에서 솟아오른 것이다. 또 다른 곳에는 대석상(大石像) 미륵존상이 있으니 바로 땅 속에서 솟아올랐다고 적고 있다.

한편 암석과 관련된 전승 중에서 먼저 파주 용미리 마애 입상을 보면, 왕자를 원하는 궁주의 꿈에 바위틈에 산다고 하는 두 사람의 도승이 나타났다. 그 후 바위에 두 사람의 도승을 새기고 사원을 세워 공양을 바치니 왕자가 태어났다고 한다.

다음으로 안동 이천동 마애 입상의 경우는 어느 날 저녁에 천지가 무너지는 소리가 나면서 커다란 바위가 두 개로 나누어지면서 상이 출현했다.

그리고 보은 법주사 마애불은 상이 새겨져 있는 바위들이 원래 뒤쪽 수정봉에 있었던 것인데 마음대로 자리를 바꾸어 산신의 노여움을 사서 현재의 자리에 떨어졌다고 한다.

고창 선운사 동불암지 마애 좌상의 경우는 거암(巨巖)의 중앙에서 거대하고 신비한 힘이 나오는 것을 알았다고 한다.[83]

끝으로 부여 대조사 석조 보살 입상은 어떤 노승이 바위 아래에서 수행을 하는 중에 커다란 새 한 마리가 바위 위에 있는 것을 보고 잠깐 잠

---

83 Jochen Hiltmann 저, 김경연 역, 『미륵 - 운주사 천불천탑의 용화세계』, 학고재, 1997, pp.126~127.

이 들고 말았다. 눈을 뜨고 보니 바위가 보살상으로 바뀌어 있었다고 한다.

이상과 같은 기록과 전승은 불상이 조성된 암석이 단순한 돌이 아니라 지면에서 용출되거나, 기자 신앙, 산신, 풍수지리설, 승려 등과 관련이 있는 비범한 힘을 가지고 있는 바위이며 그 자체가 사람들이 숭배하는 대상이었음을 보여주고 있다.

나아가 덧붙인다면, 기록이나 전승은 없지만 위에서 말한 상과 같거나 또는 유사한 표현의 작례, 즉 자연의 암석을 존중한 작례에서 취급했던 모든 상들의 암석재도 재래 신앙의 대상이었을 가능성이 충분하다.

한편 기록은 있으나 현존하지 않는 불상이나 불탑의 기록 중에도 이러한 비범한 바위를 불상이나 불탑으로 조성했거나 혹은 어딘가에서 출현했다는 내용이 고려시대 이전부터 자주 보인다. 그것들에 대한 기록을 정리해 보면 다음과 같다.(* 은 현존하는 작품)

따라서 암석재 그 자체가 불상이 조성되기 이전부터 성스러운 것이

연대	내용	출전
백제	연못 속 → 미륵 삼존(재질 미상)	『삼국유사』, 2권, 「무왕」
고구려	땅 속 → 불탑(재질 미상)	『삼국유사』, 3권, 「요동성육왕탑」
고구려	땅 속 → 석탑	『삼국유사』, 3권, 「고려영탑사(高麗靈塔寺)」
신라	공중 → 사면석불	『삼국유사』, 3권, 「사불산(四佛山)」*
통일신라	땅 속 → 사면석불	『삼국유사』, 3권, 「굴불산(掘佛山)」*

통일신라	땅 속 → 석미륵	『삼국유사』, 3권, 「생의사석미륵」
통일신라	물 속 → 석불	『삼국유사』, 3권, 「낙산이대성관음정취조신」
통일신라	땅 속 → 석종	『삼국유사』, 5권, 「손순매아흥덕왕대」
고려	땅 속 → 석상	『석대기(石台記)』
고려	땅 속 → 문수·보현 2석상	『예향집(稼亭集)』, 5권, 「기동유기(記東遊記)」

었기에 아무리 존상을 새긴다고 하더라도 함부로 잘라내거나 깎을 수는 없었다. 결국 암석 본래 또는 그것을 잘라낸 모양이나 암석을 가능하면 손상시키지 않는 범위에서 양자의 존귀함을 습합시키면서 불상을 조성하게 된 것이다. 이러한 기존 신앙 대상에 습합된 불상 조성은 그 나름의 가장 적극적인 표현 양식으로 파악해야 한다.

② 조성 원의

이와 같이 성스러운 돌에 불상을 조성하는 것은 대체 어떤 의미를 가지는지 살펴보자. 즉 이것은 불상의 조성 원의(願意)를 파악하는 일련의 작업이라 할 수 있다. 앞에서 말한 것처럼 고려시대는 불교가 전국화·대중화되었으며, 또한 불상도 거대화되었다. 이러한 점을 염두에 두고 불상 조성의 원의로 추정될 만한 사료와 전승을 정리해 보고자 한다.

먼저 논산 관촉사 석조 보살 입상의 경우는 국가에서 장인 백여 명을 보내 37년에 걸쳐 조성하였다. 상은 국가가 태평하면 온몸에 빛이 나고 윤택하여 서기가 하늘에 서리고, 흉하고 어지러우면 온몸에 땀이 흐르고 손에 든 꽃의 색이 없어지기도 했다. 국가에서 재앙을 없애고 나라를 편안하게 하고 백성을 안심케 하도록 관리가 파견되기도 하였다.

제천 사자빈신사지 석탑 내의 석조 좌상을 살펴보면, "불제자 고려국 중주(中州) 월악(月岳) 사자빈신사(獅子頻迅寺) 도량에 대대로 성왕이 항상 만세를 살고 천하태평 법륜이 항상 굴러가게 하며 이 세상은 타방으로 영원히 원적을 소멸하여 후에 어리석게 사바에 태어날 것을 이미 알아 화장미생(花藏迷生), 즉 정각을 깨닫기 위해 봉안하다. 삼가 구층 석탑 1좌를 만들고 길이 갖추어 공양하다. 태평 2년 4월 날에 삼가 쓰다(고려 현종 13년, 1022년)."라고 밝히고 있다.[84]

화순 운주사지에 얽힌 여러 전승 중에서 기본적인 내용은 하룻밤에 운주사에 천불천탑을 세우면 왕조가 변한다는 것이다. 또 왕이 탄생할 만큼 좋은 명당 터이기 때문에 태어나지 못하도록 미리 그 기(氣)를 억제하기 위해서 천불천탑을 세웠다는 내용도 있다. 이런 내용은 다 국가의 흥망과 관계되어 있다.

중원 미륵사지 석조 여래 입상이 위치한 곳은 예부터 고구려, 백제, 신라 등의 삼국시대부터 북진이나 남침의 중요한 통로로서 이용되었다. 나아가 통일신라, 고려, 조선시대까지도 중요 교통로로서 그 중요성은 변함이 없었다.

한편 이천 어석리 석조 여래 입상은 마을 안에 당을 세워서 불상을

---

84 "佛弟子, 高麗國中州月岳, 獅子頻迅寺棟梁, 奉爲代代, 聖王恒居萬歲, 天下大平法輪常轉, 此界他方, 永消怨敵, 後愚生婆娑旣知 花藏迷生, 即悟正覺, 敬造九層石塔一坐, 永充供養. 大平二年四月日謹 (高麗顯宗13年, 1022년)." (진홍섭 편저, 『한국미술사자료집성(1) - 삼국시대~고려시대』, 일지사, 1996, p.161)

안치하였고 예부터 마을 사람들에 의해 미륵불로 신앙되어 왔다.

익산 고도리에 있는 두 상의 경우는 풍수지리상 부족한 것을 보하는 비보(裨補)로 조성된 석조 입상이다. 익산의 옛 읍인 금마는 동·서·북 등의 삼면이 모두 산으로 막혀 있다. 다만 남쪽만이 열려 있어 물이 전부 흘러 버리는 형세이므로 읍의 수문의 빈 곳을 막기 위해서 불상이 세워졌다고 한다.

월출산 마애 여래 좌상이 조성되어 있는 영암 지방은 경기도 남양만과 더불어 삼국 통일 후 일찍부터 대당 교역의 관문이었다. 그리하여 당에 들어가는 사신의 선박이나 상선이 주로 이곳을 통하여 왕래하였다. 특히 하대에 들어와서는 도당(渡唐) 유학생이나 유학승의 이용이 빈번하였다.

안동 이천동 마애 입상이 있는 곳은 『동국여지승람』 「안동」에 의하면 연비원이라 했으며, 이는 여행자들이 쉬어가는 역(驛)이었다. 옛날 영남 지방에서 충청도, 경기도 또는 한성으로 가려면 안동을 경유하여 백두대간을 넘어야만 했다. 그 길목에 있었던 것이 연비원이다.

마지막으로 파주 용미리 마애 입상들의 조성 경위를 살펴보면, 왕은 바로 바위에 두 사람의 도승을 새기게 하고 사원을 세워 공양을 바쳤고, 그해 한 사람의 왕자가 태어났다.

이처럼 불상들이 조성된 위치는 주로 비보사탑설에 의하거나 교통이나 군사적 요충지이다. 요컨대 불상이 새겨지기 전의 돌은 개인 혹은 마을 사람들의 신앙 대상이었다면, 그 돌에 불상을 조성함으로써 사회적 또는 국가적 차원에서 그 비범한 힘을 끌어내리려고 했던 것으로 여겨진다.

따라서 고려시대의 거대 석불을 고찰할 때는 이와 같은 조성 원의를 염두에 두고 그 양식적 특징을 파악하는 것이 중요하다. 다시 말해서 비례의 무시와 같은 표현이 조형적으로 제한된 것으로만 받아들이지 말고 의도된 하나의 표현으로 해석하려는 보다 적극적인 자세가 필요하다.

그렇다면 조성 원의가 여러 작례에 적용된 표현 방법과 그 결과에 대해서 정리해 보기로 한다. 여기서 표현 방법이란 암석의 성스러움을 중요시했기에 불상 조성으로 인한 손상을 최대한으로 줄이고자 한 것에 대한 검증이다. 후자는 그런 표현이 실제적으로 바위를 불상으로 재탄생시킨 결과를 의미하는 것이다.

2) 조성 원의(願意)의 표현과 결과

① 두부와 양 손의 표현

불상 조성의 핵심은 육계, 백호, 상호 등의 두부와 양 손의 수인을 확실히 표현하는 것이다. 조형적 제한을 받고 있다고 일반적으로 이해되는 고려 석불에서도 예외 없이 두부와 양 손은 표현되어 있다.

두부의 표현에서 특히 주목되는 작례는 논산 관촉사 석조 보살 입상과 두부에 별석을 더한 마애불이다. 우선 관촉사 상은 네 개의 돌을 쌓아 올려서 조성하고 있으나 두부, 상반신의 돌과 양 어깨의 돌을 따로 사용함으로써 본래 두부와 상반신의 돌에서 잘려 버려지는 부분을 적게 하고 있다. 또 두부에 별석을 더한 마애불의 경우는 두부를 따로 조성해서 암석 위에 올리고 암석에는 신체부만 조성하였다. 이는 두부의 조성으로 인해 깎이는 암석 부분을 최대한 줄일 수 있는 방법이기 때문이다.

손의 표현을 보면, 매우 섬세한 작례들이 많으나 반면에 양 팔이 신체에서 떨어져 있지 않아 매우 어색하다.[85] 이것도 신체를 공간적으로 분리하지 않음에 따라 깎는 면적을 적게 하고자 했던 표현으로 해석할 수 있다. 결론적으로 이와 같은 표현 방법들은 암석재의 손상을 최대한 막고자 한 노력으로 볼 수 있는 좋은 예이다.

② 마애불에서 바위 면을 살린 표현

바위 면 전체에 걸쳐서 새겨진 마애불 중에는 바위 면에는 거의 손을 대지 않은 작례들이 있다. 즉 본래의 볼록함이나 파임 또는 균열을 개의치 않고 그대로 두고 조각하고 있다. 이것은 상을 새기기 위해 바위의 모양을 선별했던 것이 아니고 그 장소 또는 그 바위에 조성할 필요가 있었던 것이다. 그 일례로 구미 금오산 마애 입상의 경우는 절벽 모서리에 몸체의 중심을 두고 그 양쪽 바위 면에 상을 새기고 있다. 이는 결코 상을 새길 만한 적당한 장소라고 볼 수 없다.

또 두부 별석의 경우 어깨의 선을 새기지 않고 바위의 윤곽선을 자연 그대로 두고 있는 점이나 파주 용미리 왼쪽 마애불처럼 주어진 바위 면을 능숙하게 이용하고 있는 점도 주목된다.

③ 환조상의 측면과 뒷면의 표현

마애불은 대개 산 정상에 위치하고 있으나 환조상은 낮은 언덕이나 사람들에게 잘 보이는 곳에 위치하고 있는 경우가 많다. 이것은 영석(靈

---

85 바위의 표면에 평면 가공을 했던 마애불의 작례를 제외하고 대부분의 작례에 보인다.

石)으로 여겨지던 암석을 잘라내서 현재의 위치에 조성한 것으로 여겨진다. 보는 관점에 따라서 이런 작례들은 정면성만이 강조되고 측면이나 뒷면이 거의 조각되지 않은 자연석의 상태이기 때문에 미완성의 불상으로 판단할 수도 있다.

한편 자연석을 중요하게 여기고 있다는 관점에서 보면, 조각되지 않은 것은 일종의 의도적 표현인 것이다. 즉 측면이나 뒷면에 아무것도 표현하지 않음에 따라 원래 영석의 흔적을 상에 남기고, 불상에 보다 강한 영험을 구했던 것으로 생각할 수 있다. 또 이것과 관련하여 한 가지 주목되는 점은 측면이나 뒷면, 상 주위에 끌의 흔적 같은 새김이 부분적으로 보이는 작례가 있으니 이것은 뒤에서 좀 더 자세하게 살펴보고자 한다.

④ 부조나 선각의 깊이

부조나 선각의 표현 기법은 삼국과 통일신라의 마애불뿐만이 아니라 고려의 마애불과 환조상에서도 자주 보인다. 마애불은 일반적으로 두부는 고부조이며, 체부는 얇은 부조 또는 선각을 사용하여 표현한다. 또 아래로 갈수록 얇게 새기고 최하단부는 생략된 경우도 많다. 이것은 상의 윗부분만을 강조하기 위한 것만은 아니다. 이는 상의 윗부분은 바위에서 이미 출현을 마친 것이며, 아래 부분은 바위에서 현재 출현하고 있는 상태를 나타내고자 한 것이다. 즉 부조나 선각의 깊음과 얕음에 의한 표현 기법에 따라서 암석에서 상이 윗부분부터 서서히 출현하고 있다는 기적의 움직임을 나타내고 있는 것이다. 특히 두부 별석은 두부가 환조이기 때문에 신체 부분이 새겨져 있는 암석과 극명하게 대비되어 출현의 이미지가 보다 강하게 느껴진다.

246

환조상의 경우도 마애불과 동일한 기법으로 표현되어 있다. 그리고 손을 대지 않은 측면이나 뒷면은 마치 어느 곳의 마애불을 잘라서 가져 온 것 같다.[86] 또 비례가 맞지 않는 것, 즉 두부는 크게 신체 부분은 짧게 표현되어 있는 것은 조금 떨어진 바로 정면에서 보면 하반신은 아직도 지면에서 미처 올라오지 못한 이미지로 느껴진다.

한편 움직임의 표현이 보이는 작례로는 먼저 북한산 구기동 마애불의 경우는 오른손으로 오른쪽 무릎을 힘차게 누르고 있다. 또 법주사 마애불은 힘이 들어가 있는 면상과 발가락의 표현에서 보인다. 관촉사 석조상의 경우는 바람에 날리는 것처럼 끝이 말려 있는 옷 주름과 팔랑팔랑 휘날리는 옷자락의 표현에서 움직임을 느낄 수 있다.

운주사지의 좌상과 입상을 와불(臥佛)의 모습으로 표현한 것은 언젠가는 일어선다는 움직임에 대한 상징적인 표현이다. 또 운주사지 감실 석불 2구는 에너지의 발산으로 보이는 이형(異形)의 옷 주름 선과 광배 화염문의 표현에서 동적인 에너지가 느껴진다.

마지막으로 아산 평촌리 석조 약사여래 입상은 동심원 모양의 옷 주름 선의 표현을 통해서 여래의 고요함 속의 신력(神力)을 표현하고 있다.

이러한 표현들은 불상에 물리적인 움직임을 부여함과 동시에 존상의 신비적인 힘이라 할 수 있는 정신적인 움직임까지도 나타내고 있다.

⑤ 광선에 의한 변화

마애불에 있어서 태양의 빛은 매우 중요한 표현 기법 중의 하나이다.

---

86 아산 평촌리 상의 경우, 뒷면을 보면 어디서 잘라낸 것처럼 그 흔적이 생생하게 남아 있다. 또한 화순 운주사 불상들에서도 볼 수 있음은 이미 지적한 대로이다.

즉 상은 일출, 낮 시간, 저녁, 일몰 등의 시간에 따라서 예배하는 사람에게 다른 이미지를 준다. 또한 이것은 상이 향해 있는 방향과 선각이나 부조의 두께와 같은 조각 기법과도 매우 깊은 관계가 있다. 이것에 관한 대표적인 작례의 표현을 다시 한 번 정리해 보면 다음과 같다.

먼저 북한산 구기동 마애 좌상은 남쪽을 향해 있다. 상의 오른쪽 팔의 안쪽[동쪽], 동체의 왼쪽[동쪽], 왼팔의 바깥쪽[동쪽] 등의 부조의 윤곽선이 서쪽보다도 확실하다. 그래서 태양이 서쪽에 있을 때에는 신체 각 부분의 동쪽에 확실한 그림자가 생겨 더욱 입체감이 느껴진다.

다음으로 삼천사지 마애 입상은 서남쪽을 향해 있다. 전체적으로 상은 얇은 부조이지만 광선이 바뀌어 그림자가 생기면 하반신에 비해 상반신, 특히 왼팔과 바위 면의 바탕과 만나는 부분, 왼팔의 옷 주름 선 등의 윤곽이 확실하게 나타난다.

그리고 천안 삼태리 마애 여래 입상은 남쪽을 향해 있다. 반원형의 옷 주름 밑을 위보다 두껍게 새기고 있어 옷 주름 밑의 부분에 그림자가 생겨 옷 주름이 흘러내리고 있는 느낌을 보다 강하게 해 준다.

안동 이천동 마애 석불 입상은 서쪽을 향해 있어 오전 중에는 그림자 때문에 선각의 신체 부분이 잘 보이지 않는다. 그러나 오후가 되어 빛이 닿기 시작하면 신체 부분이 확실하게 그 모습을 나타낸다. 또 석양에 빛이 닿는 부분과 그렇지 않은 부분과의 확실한 명암 차이는 상에 더욱 신비적인 입체감을 부여해 준다. 날이 점점 어두워지면서 상은 서서히 하반신부터 모습이 사라져 간다.

끝으로 당진 안국사지 본존상은 남쪽을 향하고 있다. 천개와 같은 방형 판석이 보관 위에 올려져 있으나 정면에서 보면 보관에 해당하는 부분에 그림자가 생겨 두부를 직접 압박하는 느낌이 없다. 이는 마치 불상이 지붕 밑에 서 있는 것처럼 안정감이 느껴진다. 또 면상의 윤곽선이 주위의 실루엣과 조화되어 선명하게 부각된다.

이상과 같이 태양 광선은 부조나 선각이라는 이차원의 평면적인 표현 기법에 삼차원적인 입체감을 부여하고, 나아가 보는 시간에 따라서 불상의 출몰을 나타내는 시간의 축까지 표현하고 있다.

⑥ 면상의 표현

면상의 표현에서는 강함이 느껴지는 불상과 친근감이 느껴지는 불상으로 나눌 수 있다. 전자는 북한산 구기동 마애상, 보은 법주사 마애상, 고창 선운사 동불암지 마애상, 화순 운주사지 불상 등이 있으며, 후자는 주로 환조 중에 암석 본래의 이미지가 조소적인 이미지보다 강한 여러 작례들에서 볼 수 있다.

강함이 느껴지는 얼굴은 다른 움직임의 표현과 함께 상 전체에 더욱 생동감을 주고 있다. 특히 선운사 동불암지 마애상은 마치 화가 나서 노려보는 것 같은 위압감마저 느껴진다. 반면에 편안함이 느껴지는 얼굴은 강함이 느껴지는 불상에 비해 움직임의 표현이 적고 매우 단순하면서도 친근감이 느껴진다.

한편 얼굴 생김새는 상마다 조금씩 달라서 고려 석불로서의 공통될 만한 작풍은 보이지 않고 다 개성이 강한 얼굴이다. 그 이유로 추정할 수 있는 것은 상 조성의 직접적인 계기가 개인의 꿈속에서 본 모습이거나 승려의 신비적인 힘 등의 매우 주관적인 이미지에 기반을 두고 조성되는 경우가 많았기 때문일 것이다.

비록 이러한 전승이 객관적인 근거가 될 수는 없지만 고려 석불의 개성 강한 얼굴 생김은 영감으로 체험한 불상의 얼굴, 다시 말하면 '감득불(感得佛)'과 같은 수도자 개인의 이미지가 적극적으로 반영된 것으로 추측된다.

　⑦ 측면과 뒷면의 끌 흔적

상의 측면이나 뒷면, 주변 등에 끌의 흔적으로 보이는 새긴 자국이 부분적으로 있다. 예를 들면, 보은 법주사 마애상의 주변, 파주 용미리 마애상의 측면과 등 부분, 논산 관촉사 석조상의 뒷면, 홍성 상하리 석조상의 몸체 부분 전부, 이천 어석리 석조상의 측면과 뒷면 등에서 보인다. 마애불의 경우는 주로 상의 주변에, 환조상은 상의 측면이나 뒷면에 새겨져 있다. 이러한 끌 자국은 고려 석불에서도 자주 보이지만 또한 통일신라의 마애불에서도 사용되고 있는 표현 기법이기도 하다.

따라서 이 기법도 하나의 의도된 표현이라 볼 수 있고, 그 표현의 의도성을 다음과 같이 세 가지로 추정할 수 있다. 첫째, 법주사 마애상 주변의 끌 자국처럼 바위 면과 상을 대비시켜 상을 더욱 부각시키려 했다. 둘째, 암석과 불상을 구별하기 위한 표현이다. 즉 파주 용미리 마애상의 측면과 등 부분처럼 불상이 새겨진 암석은 이제는 암석이 아니라 존상임을 보여주는 표현이다. 셋째, 암석이 존상으로 변화하고 있는 과정의 표현이다. 관촉사 석조상의 뒷면, 홍성 상하리 석조상의 몸체 부분 전체, 이천 어석리 석조상의 측면과 뒷면에서 볼 수 있다. 마지막으로 환조상, 즉 관촉사 석조상의 뒷면의 경우는 잘라낸 원래 영석의 흔적으로 볼 수 있다.

고려 석불의 조형과 정신 ──

그런데 이상과 같은 것은 각각의 항목이 다른 것이 아니라 상 전체에 영석의 흔적과 그 돌에서 출현하는 존상을 동시에 표현하는 기법으로 모두 정리될 수 있다.

⑧ 천개의 표현

고려 석불에는 두부나 보관 위에 방형 또는 팔각형의 판석을 올린 작례가 많이 보인다. 이것들을 여기서는 천개로서 취급하고 있으며, 그 이유에 대하여 설명을 조금 덧붙이고자 한다.

이 판석의 표현이 잘 나타나 있는 작품은 북한산 구기동 마애상과 논산 관촉사 석조상이다. 북한산 구기동 마애상의 경우는 8엽의 연꽃으로 장식된 팔각형의 별석을 머리 정상 위에 꽂고 있다. 또 광배 위쪽과 상 양쪽의 어깨 부분에 각각 사각형의 두 개의 구멍이 남아 있어 목조 전실이 있었음을 알 수 있다. 실제 당(堂)의 본존 위의 천정 중앙에 장식되었던 천개가 마애불의 경우는 이처럼 바위 면에 직접 꽂고 나아가 그 위에 간단한 목조 전실을 설치해 일종의 임시 당 또는 작은 사원의 개념으로 생각했던 것 같다.

한편 관촉사 석조상의 경우는 보관 위에 이중의 방형 판석이 올려져 있다. 또 하단의 판석에는 구기동 상과 동일하게 8엽의 연화문이 나타나 있다. 이 상은 그 크기 때문에 천개를 만들려면 상에 직접 올리는 방법밖에 없었다. 따라서 방형 모양은 건물의 지붕 역할을 하였으며, 8엽의 연화문은 정화(頂花)로 천개에 밀착해서 나타낸 것으로 여겨진다. 본래는 별개의 것으로 천개는 실용적인 일산(日傘)의 역할, 정화는 존상의 상징으로서의 관념화(觀念花)이다.

이러한 환조상의 천개 표현은 더욱 간략화된 방형과 팔각형의 모양으로 다른 작례에서도 보이고 있다. 방형은 부여 대조사 석조상, 당진 안국사지 본존상, 익산 고도리 상 2구, 파주 용미리 마애불의 오른쪽 상 등에서 보인다. 한편 팔각형 모양은 삽교 석조상, 중원 미륵사지 석조상, 이천 어석리 석조상, 파주 용미리 마애불의 왼쪽 상 등에서 보인다.[87]

⑨ 조소적 표현을 지향한 작례

통일신라의 전통을 계승하면서 조소적인 표현을 지향한 고려 석불의 경우 석재 본래의 모양이나 표면에 대한 배려는 없다. 조성자는 오로지 스스로가 추구한 조형미를 극대화시키는 것에만 관심이 있었을 뿐이다. 석재는 어디까지나 조각적인 미(美)에 쓰일 뿐이며 석재의 원형은 거의 완전하게 없어졌다. 이러한 작례는 대부분 두부나 몸체 부분이 좋은 비례를 유지하고 통일신라 전성기의 작례에서 자주 보이는 옷 주름 표현과 매우 가깝다. 다만 통일신라 전성기의 양식과 구별되는 점은 목 부분이 짧고, 옷 주름의 새김이 얕고, 늘어지는 옷 주름에 도식화가 보인다. 또 가슴이나 허벅지의 팽창이 없어 조소에 있어 중요한 양감 표현이 결여되는 경향을 보이고 있다. 조형미도 통일신라 작품들에 비해 한 발짝 물러나 있음은 분명하다. 대표적인 작례는 남원 만복사지 석조 여래 입상을 들 수 있다.

이상으로 서술해 왔던 고려 석불의 작풍의 요점을 정리해 보면 다음

---

87 팔각형의 천개는 중원 원평리 여래 입상에서도 볼 수 있다.

과 같다.

첫째, 자연의 암석 그 자체의 모양이나 표면을 중요하게 여겨 이것을 손상시키지 않으려는 것을 제일의 뜻으로 하는 작례가 많다. 잘라낸 것이나 평면 가공을 한 것이라도 바위 전체에는 그다지 손을 대지 않았다. 이것은 원래의 암석이 영석인 것과 깊은 관련이 있을 가능성이 높다.

둘째, 부조나 선각의 깊음과 얕음에 의한 표현 기법이다. 부조나 선각의 두께가 아래로 갈수록 얇게 되어 암석에서 상이 머리 부분부터 서서히 출현하고 있는 동적 입체감을 나타내고자 한 것으로 보인다.

셋째, 태양의 광선에 의해 얕은 부조나 선각의 평면적인 표현 기법에 강한 존재감과 때로는 입체감도 줄 수 있음을 전제로 시간의 경과에 따른 상의 출몰을 나타내며, 영석에서 영상(靈像)의 출현이라는 기적의 현실화를 기도한 것으로 생각된다.

넷째, 측면이나 뒷면의 암석 본래의 상태나 또는 끌의 흔적으로 보이는 자국은 상 전체에 영석의 흔적과 그 영석에서 출현하는 존상을 표현하는 하나의 기법이다.

다섯째, 개성이 강한 얼굴 생김을 하고 있다. 승려의 영감으로 체득한 불상의 얼굴로 감득적인 성격을 읽을 수도 있다.

남원 신계리 마애여래 좌상

4

맺음말

서문에서 밝힌 것처럼 동아시아 불교 미술에 있어서 하나의 전환점은 당 제국의 붕괴(907년)이다. 당의 멸망에 의해 동아시아 여러 나라들은 중국과 연결되었던 유대 관계가 느슨해지고 비로소 각 민족은 당풍(唐風)에서 벗어나 스스로의 개성에 자각한 결과 각각의 민족적인 양식을 창출하게 되었다.

　　이러한 경향은 중국 불교 조각에 있어서도 예외는 아니었다. 당의 뒤를 이은 오대(五代)는 송의 불교 조각이 성립할 때까지 과도기였다. 그리하여 당 양식의 잔존에서 벗어나려는 의욕도 강했지만 아직 후대의 송 양식의 발견에는 이르지 못했다. 오대의 특징으로는 소재, 형식, 양식 등이 다양화되었고, 지역적으로는 강북은 꽤 오랜 시간 동안 당의 양식을 남기고 있었으나 강남에서는 우아하고 아름답고 섬세한 작풍이 시작되어 송 양식 성립의 기반이 되었다.

　　오대부터 송까지의 전반적인 불교 조각의 특징은 철불과 마애불이 많이 조성되었고, 나한상과 관음상의 조성도 많았다. 특히 관음상은 점점 인간화하여 현실의 여성의 모습에 가깝지만, 이러한 자태조차도 내성적인 깊이가 있는 분위기를 자아내고 있다. 이것은 당풍과는 다른 미의식과 종교관이 반영된 것이다.

한편 일본 불교 조각의 경우는 헤이안(平安) 후기의 중엽(10세기 말~11세기 중엽), 고쇼(康尚)와 조초(定朝) 두 사람의 불사(佛師)에 의해 조성되었던 일련의 작례가 '일본 양식'의 발견과 성숙의 진행을 잘 보여 주며 여기에 민족적인 양식이 달성되었다. 991~1020년까지의 약 30년간의 고쇼 시대의 작례는, 이전 시대의 작례가 가진 무게에서 벗어나 몽환적인 우아함의 추구 속에 새로운 민족적 양식이 성립되었다.

뒤를 이은 조초 시대, 즉 1020~1057년은 고쇼 양식을 출발점으로 하고 다른 한편 나라(奈良) 시대 특히 텐표(天平) 시기의 조각에서도 두루 배웠다. 그리하여 조초 불사의 만년에는 목조(木彫)를 이용하여 동(銅), 건칠(乾漆), 소(塑) 등에 가까운 표현을 목조로 옮긴 새로운 경지를 열게 되었다. 그래서 원만한 상호, 청신한 양감과 머리와 몸체의 보기 좋은 비례를 갖추었으며, 조각칼의 날카로운 조각을 나타내지 않는 낮고 부드러운 옷 주름은 몸체의 기복을 부드럽게 잡고 표현해 결과적으로 민족화 양식의 완숙이 이루어졌다. 이것은 조형 감각 세계 속에서의 민족화이다.

민족적인 양식에는 또 하나의 흐름이 있다. 그것은 각 민족이 재래 신앙과 불교와의 거리를 좁혀 양자를 결부시킨 것이다. 예를 들면, 중국의 불교 미술에서는 불상에 중국 본래의 '기(氣)'의 발산의 표현과 이것과는 별도의 '운기문(雲氣紋)'을 주변에 배치하는 수법이 보인다. 이것은 분명히 육조(六朝) 시대(3세기 초~6세기 말)에 달성되었던 불상과 그 장엄의

고려 석불의 조형과 정신 ——

중국화이다.

또 일본에서는 무형(無形)의 신[神靈]이 의지해 내린 신목(神木)에 이국의 신인 불(佛)이 숨어들어 이윽고 그 모습을 나타낸다고 하는 관념에서 성스러운 신목에 새겨진 '입목불(立木佛)' 및 '영목화현불(靈木化現佛)'이 있다. 이 영목화현불은 8세기에 많이 조성되었고 후세까지 이어졌다. 교키(行基)라는 승려의 전도 활동과도 연관이 있다.

이러한 중국의 기(氣)나 일본의 영목(靈木)은 예부터 그 지역에 전해져 왔던 사상 및 신앙이며 그것들이 불교와 습합함에 따라서 각각의 불교 조각의 민족화 양식을 형성해 온 것이다. 중국과 일본의 불교 조각은 인도 이래의 전통적 양식의 계승과 재래 신앙과 결부된 습합 양식의 계승이라는 두 가지의 커다란 흐름을 가지고 있다.

한국에서도 중국과 일본에서처럼 각 시대마다 특징 있는 불상들이 조성되었다. 한국 불교 미술의 전성기인 통일신라의 불교 조각에는 조소성(彫塑性)을 지향했던 흐름과 자연의 암석을 존중했던 흐름의 두 가지 조류가 있었다. 특히 후자는 재래 신앙 즉 암석과 결부되어 있는 영석(靈石)에 조성되었던 작례였다. 또한 두 가지 흐름의 진의를 파악하기 위해서 각각의 조성 원의를 고찰한 결과 후자는 불상임과 동시에 재래 신앙의 종교 행위나 의례의 대상으로서도 만들어졌음이 판명되었다.

이러한 신앙의 습합에 기초한 불상의 표현은 자연의 암석을 살리면서 형식적으로는 '출현불(出現佛)'이라는 표현 결과를 창출해 내고자 했다. 출현불이라는 개념은 고대 인도의 브라만에 기원하는데, 부처가 연화에서 화생하는 것이라는 불교의 '연화화생(蓮華化生)'의 사상에 근거를 둔 것이다.

이러한 출현불의 양식적 특징으로서는 불상의 정신 그 자체의 투영이라 할 수 있는 동심원의 진귀한 옷 주름의 표현, 출현을 상징하고 있는 듯한 불상의 측면이나 뒷면, 주위에 끌의 흔적과 같은 거친 새김, 윗부분에서 아랫부분으로 갈수록 얇게 새기는 조각 방법 등이다. 또한 두부를 별석으로 만들어 올리는 기법도 들 수 있다. 이러한 것들은 고려시대 석불의 민족적 양식이라고 칭함에 상응할 수 있을 것이다. 작풍은 통일신라의 것과는 다른 개성과 위엄과 강함이 가득하다.

고려시대의 자연의 암석을 존중하는 작례는 조소성을 지향했던 작례와 처음부터 그 지향점이 달랐다. 그렇기 때문에 인공적 조형미를 일방적으로 밀고 나간 것이 아니라 자연과의 조화를 우선으로 삼았던 이른바 조심스러운 표현을 취한 것이다. 여기에서는 종교 예술로서의 가치를 찾아낼 수 있으며 일방적인 미술적 관점에서만 평가를 내릴 수는 없다고 생각한다.

토지에 뿌리를 내린 종교와 그 조형의 무게는 근·현대의 서구적 미술 평가 기준과는 다른 세계이다. 고려 불교 미술의 핵심은 중국 및 일본의 민족화 현상과 대비되면서도 한층 더 깊이 그 진용을 남김없이 드러냄에 있다고 확신한다.

또 나아가서는 아시아의 광역을 전류(傳流)하면서 각지에서 다양한 전개를 보였던 불교 미술이, 그 전개에 따라서 어떤 방법으로 많은 사람들의 마음을 모아왔는가에 대한 불교 미술사에 있어 중요한 질문에 하나의 해답을 부여하는 실마리도 될 것이다. 지금 이 책이 겨우 그 입구에 발을 들인 하나의 논(論)으로 생각할 수 있다면 행운일 것이다.

부록

■ **표1 입중국유학승**(＊은 외국의 승려가 우리나라에 온 경우 ▲은 승려가 아닌 경우)

국명	승려명	입중국 연대	귀국 연대	입국처	주요 활동	출전
＊秦	順道		372年, 小獸林王2	고구려	불상 경론을 전하다	『삼국사기』18, 『해동고승전』1
秦	阿道		374年, 小獸林王4	고구려		『삼국사기』18
＊胡僧	摩羅難陀		384年, 枕流王元年	백제	백제 불교가 시작되다	『삼국사기』24
＊晉	曇始		396年, 廣開土王6	고구려		『해동고승전』
고구려	墨胡子		訥祇王代, 418~458年	신라		『삼국사기』4
百濟	謙益		526年, 聖王4	中印度 常伽那寺	梵文律部를 배우고 귀국함. 율종의 시작	『조선불교통사』
△百濟	使臣	541年, 聖王19		梁	毛詩博士 涅槃經 義工匠畵師를 청하다	『삼국사기』26
新羅	覺德		549年, 眞興王10	梁	양사신과 더불어 불사리를 가지고 귀국하다	『삼국사기』4, 『해동고승전』2
＊陳	釋明觀 / 劉思(使)		565年, 眞興王26	신라	釋氏經論七千百餘卷을 전하다	『삼국사기』4
고구려	義淵	576年, 平原王18		鄴		『해동고승전』
新羅	安弘法師		576年, 眞興王37		胡僧毗摩羅等과 함께 돌아와 稜伽勝鬘經 및 佛舍利를 바치다	『삼국사기』4

新羅	智明	585年, 眞平王 7	602年, 眞平王24	陳·隋		『삼국사기』4 『해동고승전』2
新羅	圓光	589年, 眞平王11	600年, 眞平王22	陳	求法, 奈麻諸文·大舍橫川에 따라 돌아오다	『삼국사기』4 『속고승전』13
고구려	波若		596年	隋	天台宗을 전하다	『조선불교약사』
新羅	曇育	596年, 眞平王18	605年, 眞平王27	隋	求法	『삼국사기』4
北天竺烏萇國 摩豆羅國	毘摩羅眞諦 農伽陀 佛陀僧伽		605年, 眞平王27	신라	황룡사에 주석하다	『해동고승전』2
新羅	安含(安弘) 惠宿	616年, 眞平王38	620年, 眞平王42 - 安含 혼자서 귀국	陳·唐	西域三藏毘摩羅眞諦·農伽陀·佛陀僧伽와 漢僧二人을 데리고 돌아오다	『조선불교약사』 『末高僧傳』
*摩豆羅國	佛陀僧伽		625年, 眞平王47	新羅		『末高僧傳』
新羅	安弘		625年, 眞平王47	唐에서 귀국	西國二三藏 및 漢僧二人과 이르다	『해동고승전』2
新羅	阿離耶跋摩 慧業 玄太 玄恪 慧輪等	貞觀年中 (627~649) 643年, 善德女王12年		西域, 天竺	구법을 위해 입당하고 나아가 서역으로 구법 후 돌아오지 않았다	『大唐西域求法高僧傳』 『末高僧傳』
新羅	明朗神印	632年, 善德女王 1	635年, 善德女王4	唐		『삼국유사』5

263

新羅	慈藏法師	636年, 善德女王5	643年, 善德女王12	唐	求法, 大藏經一 部四百余函 및 佛舍利幡蓋 등을 가지고 돌아오다	『삼국유사』3 『삼국사기』5
新羅	慈藏門人僧實 等十余	638年, 善德女王7		唐		『續高僧傳』24
新羅	阿離耶跋摩 慧業 玄照 玄恪 慧輪等	641年, 善德女王10		中華에서 西遊하다		『조선불교약사』
新羅	義相 · 元曉	650年, 眞德女王4		入唐을 꾀하다		『삼국유사』3, 4 『浮石寺碑』
新羅	義相	661年, 文武王元年	670年, 文武王11	唐	知儼에 배우다	『삼국유사』3, 4 『浮石寺碑』
新羅	慧通		665年, 文武王5	唐		『삼국유사』5
新羅	順景	乾封年間, 666~667年		入宋	名聲 · 唐蕃에 떨치고 배움은 대소승을 아우르다	『末高僧傳』4
*唐	法安		669年, 文武王8	新羅	磁石을 구하다	『삼국사기』6
*唐	琳閏		670年, 文武王11	新羅	책을 왕에게 바치다	『삼국사기』7
統一新羅	道隆		692年, 孝昭王元	唐	天文圖를 바치다	『삼국사기』8

고려 서불의 조형과 정신 ──

統一新羅	勝詮		692年, 孝昭王元年	唐	賢首疏鈔를 義相에게 전하다	『조선불교통사』
統一新羅	円測		696年, 孝昭王5	唐	唐의 佛授記寺에 입적하다	『조선불교약사』
△統一新羅	金思讓	703年, 聖德王2	704年, 聖德王3	唐	金光明最勝王經을 바치다	『삼국사기』8
統一新羅	無相		756年, 景德王15	唐	당나라에서 입적하다 나이77	『宋神僧傳』7
統一新羅	無漏		758年, 景德王17	唐	入唐中, 合掌하고 선 채로 죽다	『宋神僧傳』8
統一新羅	明寂	784年, 宣德王5		唐	使者韓讓恭를 당에 들어가다	『祖堂集』17
統一新羅	梵修	799年, 昭聖王元	799年, 昭聖王元年	唐	新譯後分華嚴經 澄觀義疏를 얻어서 돌아오다	『조선불교약사』
統一新羅	慧昭 (眞鑑國師)	804年, 哀莊王5	830年, 興德王5	唐		『조선불교통사』
△統一新羅	金憲章	810年, 憲德王2			入唐해서 金銀佛像 및 佛經 등을 바치다	『삼국사기』10
統一新羅	慧哲	814年, 憲德王6	839年, 文聖王元年	唐	求法	『조선불교통사』
統一新羅	梵日 (崛山祖師)	太和年間, 827~835年		唐		『삼국유사』3

統一新羅	僧九人 金能儒(王子)	831年, 興德王6		唐		『삼국사기』10
統一新羅	梵日 金義棕 (王子)	836年, 喜康王元	847年, 文聖王9	唐	唐에 파견되어 謝恩하다, 僧梵日 따라가다 崛山寺를 창건하다	『삼국사기』10 『삼국유사』3
統一新羅	玄晏		837年, 喜康王2	唐		『祖堂集』17
統一新羅	体澄 · 貞懷	837年, 喜康王2		唐		『조선금석총람』
統一新羅	無染		845年, 文聖王7	唐		『조선금석총람』 「白葆光塔碑」
△統一新羅	阿喰元弘		851年, 文聖王13	唐	佛經 및 佛牙를 가지고 新羅에 돌아오다	『삼국사기』11
統一新羅	大通	856年, 文聖王18	866年, 景文王6	唐	賀正使에 참여하여 入唐하다	『조선금석총람』 「忠州大寶禪光 塔碑」
統一新羅	順之	858年, 憲安王2		唐	入朝使에 따라서 入唐하다	『祖堂集』20
統一新羅	金因	870年, 景文王10		唐	唐에 파견되어 宿衛시키다	『삼국사기』11
統一新羅	行寂		885年, 憲康王11	唐		『조선불교통사』

統一新羅	廻微	891年, 眞聖女王5	905年, 孝恭王9	唐	入唐해서 道膺大師의 문하에 참여하다, 道膺의 流를 전하다	「先覺大師遍光 靈塔碑」 「無爲岬寺先覺 大師遍光塔碑」
統一新羅	利嚴	896年, 定康王10	911年, 孝恭王15	唐	入浙使芸熙를 따라서 入唐하여 道膺大師의 門에 참여하다	「眞徹大師寶月 乘空塔碑」
統一新羅	兢讓	899年, 孝恭王3		唐	入唐 求法하다	「靜眞國師圓悟 塔碑」
統一新羅	玄暉	906年, 孝恭王10	925年, 景哀王2, 太祖8	唐	九峰山에 道乾大師를 알현하다	「淨土寺法鏡大 師慈燈塔碑」
統一新羅	麗嚴		908年, 孝恭王12	唐	唐에서 돌아와 武州昇平에 이르다	「砥平菩提寺 大鏡大師玄機 塔碑」
統一新羅	慶猷		909年	唐	唐에서 돌아와 道膺의 流를 전하다	「長湍五龍寺法 鏡大師普照慧光 塔碑」
統一新羅	洞眞		孝恭王13	唐		『조선불교통사』
高麗	粲玄		921年, 景明王5, 太祖4	唐		『조선불교통사』
統一新羅			921年, 明王5, 太祖4	唐	新羅僧 洪慶 唐에서 돌아와 大藏經一部를 가져와 禮成江에 이르다, 太祖 이것을 帝釋院에 迎置하다	『高麗史』 『삼국유사』3

高麗	洪慶		928年		王이 이들을 맞이하고 다음 해 龜山寺에서 돌아가시다	『삼국사기』12 『高麗史』1
統一新羅	三藏摩睺羅		敬順王2, 太祖11	高麗	吳越에서 大藏經을 가지고 新羅로 돌아오다	『삼국유사』3
高麗	普曜		929年	吳越	本摩竭陁國法輪菩提寺沙門이며, 王이 威儀를 갖추어 이들을 맞이하다	『高麗史』2
*天竺國	腔俚轉日羅		太祖12	高麗	中國 杭州 龍華寺에서 돌아가시다	『조선불교약사』
統一新羅	靈照		935年	杭州	宋國, 五季의 난으로 天台經을 잃어 고려에 사신을 보내 天台敎의 論疏를 구하다	『조선불교통사』
高麗		988年	敬順王9, 太祖18	高麗	宋에 파견되어 大藏經을 구하다	『조선불교약사』
*西天竺	如可	成宗7	938年	宋	大藏經 四百八十一函 二千五百餘卷을 바치다	『高麗史』3

高麗	韓彦恭		太祖21	宋	宋에 파견되어 杭州永明寺智覺師禪에게 배워 宗鏡錄을 가지고 돌아오다, 朝鮮 禪宗의 시작	『조선불교약사』
*宋	沙門36人	991年	947年	宋	宋에 파견되어 官本의 藏經을 구하다	『조선불교약사』
高麗	使	成宗10	定宗2	宋	聖慧方陰陽二宅書, 乾興釋典一藏을 가져오다	『高麗史』4
高麗	韓祚	1004年	960年	宋	釋典經書 1 千卷을 바치다, 遼, 宋, 日本에서 구해서 四千卷에 이르러 이것을 강행하다	『高麗史』10 『東國通鑑』18
高麗	義天	穆宗7	光宗11	宋	新註華嚴經板을 바치다	『高麗史』10
△高麗	徐晋 등 20人			高麗	慈恩宗僧慧珍과 高麗에 이르다	『高麗史』10
△高麗	(宋商)	1085年	991年	高麗	王, 宣政殿에 나와 宋慧珍을 만나고 翰林院에 음식을 대접하다, 宋僧省聰, 慧珍에게 각각 明悟三重大師를 내리다	『高麗史』11

高麗	黃冲 등 31人, 慧珍	宣宗2	成宗10	高麗	高麗에 와서 藏經을 주다	『高麗史』11
*宋	慧珍		991年	高麗	高麗에 와서 衣著, 匹段, 銀, 絹 등의 물품과 石經 二函을 주다	『高麗史』11
*宋	蕭明(使)		成宗10	高麗	高麗에 와서 생신을 축하하고 大藏經을 주다	『高麗史』12
*宋	張臣言(使)			高麗	高麗國에서 安和, 廣通, 普濟의 諸寺에 참배하다	『高麗圖經』17
▲遼	高存壽		1022年	高麗	王, 宣義門 外에서 맞이하다	『高麗史』27
▲遼	(使)		顯宗13	高麗	大藏經을 가지고 宋에서 돌아와 傳燈寺 (在吉祥山)에 안치하다	『東國輿地勝覽』12
▲遼	徐兢		1086年	宋	元帝의 요청에 의해 金字經書寫를 위해 善畫僧 三十五人 元에 가다	『高麗史』30
▲宋	僧40人		宣宗3	元	寫經僧六十人 元에 가다	『高麗史』30
*蒙古 / 吐蕃	印奇		1087年	元	元, 使를 파견해 藏經을 修補시키다	『高麗史』30

高麗	善畫僧35人		宣宗 4	高麗	蕃僧屹折思八 / 蕃師八台思 등을 파견해 高麗國에 오다	『高麗史』31
高麗	寫經僧60人	1290年	1095年	高麗	元, 王敬答失不花를 파견해 香幣를 팔아 藏經을 바꾸다	『高麗史』31
高麗	使	忠烈王16	獻宗元年	高麗	元, 使를 파견해 寫經僧을 모으다	『高麗史』31
▲元	蕃僧屹折思八 / 蕃師八台思	1290年	1096年	高麗	香十五斤, 四段三十四, 絹三百匹, 鈔百六十四錠을 가져와 藏經을 바꾸다	『高麗史』31
*元	王敬答失不花	忠烈王16	肅宗元年	高麗	王, 元使와 興王寺에 행차해 藏經을 돌리다	『高麗史』32
*元	使		1099年	高麗	寫經僧을 모으다	『高麗史』32
▲元	伯顏 / 忽篤 / 不花		肅宗4	高麗	突烈을 파견해 藏經을 돌리다	『高麗史』32
▲元	使		1100年	高麗	忽都不花을 파견해 寫經僧을 구하다, 僧百을 뽑아 원에 보내다	『高麗史』32

*元	別帖兒		肅宗5	高麗	佛經紙를 구하다	『高麗史』33
▲元	突烈		1107年	高麗	金字寫經을 監書해, 皇太后金薄六十餘錠을 보내다	『高麗史』33
▲元	忽都不花		睿宗2	高麗	王旨를 元에 보내 畵佛을 바치다	『高麗史』33
▲元	使		1123年	元	五千八百錠을 하사하여 寫經을 칭송하다	『高麗史』34
▲元	方臣祐		仁宗元年	高麗	興天寺를 도모하여 晉王 이것을 願利로 삼다	『高麗史』34
▲元	贊成事裴挺		1271年	高麗	元의 皇太后, 使를 파견해 王에게 宋秘閣所藏의 書籍 三百七十冊 計1万7千卷을 하사하다	『高麗史』34
△高麗	皇太后鎮魯花		元宗12	高麗	畵佛을 바치다	『高麗史』36
▲元	院使李信		1282年	元	佛經紙를 구하다	『조선불교통사』
▲元	使	1310年	忠烈王8	高麗	佛經을 구하다	『高麗史』36
▲元	金永煦	忠宣王2		高麗	朝鮮 太祖高麗에서 禪位를 받아 건국하다	

고려 석불의 조형과 정신 ──

■ 표2 불상 관계의 문헌 기록[1]

번호	연대	작품 이름	재질	내용	출전
1	923年	五百羅漢畵像	不明	遺梁使尹質 梁에서 돌아와 바치다, 海州嵩山寺에 안치하다	『高麗史』1
2	太祖6	原州山潤寺鐵佛	鐵造	原州, 山潤寺 鐵佛, 汗三日	『高麗史』8
3	928年			崔承老, 金銀으로 만든 新羅佛像을 破毁轉買賣하는 것을 금하기를 청하다	『高麗史』
4	太祖11	王輪寺丈六毘盧遮那三尊佛	本尊 : 金	發願者 : 巨貧 · 皎光	『東文選』67
5	982年,	金藏寺弥勒三尊佛	補處 : 塑造	位置 : 開城松岳山	李奎報「王輪寺丈六金像靈驗收拾記」
6	成宗元年	(調泥刻木泥以補毁壞木以易朽然後以紫金改三尊之像)	塑造	創寺 : 明眞弘曉大師玄坦	『東文選』68

1 中吉 功 編, 『海東の仏教』, 図書刊行会 刊. 진홍섭 · 최순우 편저, 『韓國美術史年表』, 일지사, 1992.
   곽동석, 「불교조각－東文選과 고려시대의 미술」, 『강좌미술사』1, 한국미술사연구소, 1998 등을 참
   고로 작성.

7	988~997年	西京木覓寺神像	?	位置： 全南長興郡龍頭山	李彦「龍頭山金藏 寺金堂主弥勒三 尊改金記」
8	992年 造成 (成宗11), 1309年 補修	奉恩寺新造의 佛像	不明		『高麗史』4
9	1012年 顯宗 3	日本僧이 佛像을 바치다	不明	王, 奉恩寺에 행차하여 燃燈會를 설해 新造의 佛像을 慶讚하다	『高麗史』9
10	1073年	宋에서 夾紵佛像을 주다	不明	日本僧俗 二十五人 靈光郡에 와서 國王의 세수를 축하해 불상을 바치다	『高麗史』9
11	文宗27	靈化寺 佛殿의 天王 塑像	乾漆造？	元豊年間, 宋에서 夾紵佛像을 興王寺에 주다	『高麗史』9
12	1076年	十六羅漢塑像	塑造	寧州 靈化寺 佛殿의 天王塑像 흔들리다	『高麗史』9
13	文宗30	水精社 無量壽佛	塑造	宋微宗이 十六羅漢塑像을 주다	『高麗史』14
14	1078~1085 年	興王寺 三層殿主佛	金銅	社主:津億	『東文選』64
15	1081年	観音像	不明	鑄造:首座法延	『高麗史』

16	文宗35	銅佛四十軀鑄造	沈香木	位置:智異山 (晋州五台寺), 法相宗系念佛結社	『高麗史』17
17	1118年	觀音四十幀을 그리다	銅造	興王寺 三層殿 主佛의 머리가 떨어지다	
18	叡宗13	小林寺 觀音菩薩(滿金 觀音菩薩像)	不明	王,沈香木으로 觀音像을 새겨 內殿에 안치하다	『韓國佛教通史』
19		智異山神像	不明	이즈음 왕이 불사를 즐기고 僧徒도 寺塔을 경쟁적으로 만들다	『高麗史節要』
20	1123~1129 年	沃溝長沙間路 邊弥勒像	石(磨崖)	宦者 白善淵	『東文選』65
21	仁宗元年~7年	妙香山普賢寺 毘盧遮那如來 丈六塑像 및 補處兩菩薩像	塑造	錢塘出身 鈴義	「小林寺 重修記」
22	1126年		不明	位置:慶北 尙州郡	『高麗史』
	仁宗4	順天府藥師如 來像·觀音像	不明	智異山 神像의 머리가 홀연히 없어지다	『東文選』66
	1151年	五台山水精庵八 大菩薩像		是因岩鑿出者	李奎報「南行月日 記」

23	毅宗 5	福靈寺 水月觀音		位置: 全南沃溝長沙間	『東文選』50
24	1166年			位置:平安南道 妙香山 普賢寺	李奎報 「丈六毘盧遮那塑 像贊並序」
25	毅宗20		塑造		『東國李相國集』
26	1174~1177年, (明宗 4 ~ 7)			鑄于福靈寺水月菩 薩像 以中統三年仲 冬十有一日…	『東國李相國集』
27	1187年 明宗17	福靈寺十六羅 漢像	不明	位置:開城	『東文選』124 「權權溥墓誌銘」
28	1200年以前	福靈寺能仁殿 三大士像	塑造		
29	1216年頃, 高 宗 3 年頃	洛山寺觀音像	不明	迺元人所塑	
30	1251年	洛山寺正趣殿 三金佛, 觀音窟 銅佛	塑造	初創:文武王16年 (676)	『東文選』 續卷21蔡壽 「遊松都錄」
31	高宗38	洛山寺觀音像	石造	發願者:義湘	『東文選』 續卷21蔡壽 「遊松都錄」
32	1262年以前 (元宗3年以前)	王輪寺丈六塑 像造成	不明	13世紀頃補修, 位置:江原	『東文選』50, 110
33	高麗後期	石台庵地藏菩 薩像	不明 (巍巍金像)	元의 皇后 洛山寺 觀音의 如意珠를 구하여 이를 바치다	續卷21

34		旻天寺佛像造成	木造	王, 公主와 친히 법회를 열다	『高麗史』27
35	13世紀頃補修	國淸寺 釋迦三尊	不明	石室內奉安(地藏石 像三尺余, 石室高六 尺, 深四尺廣四尺)	『高麗史』28
36	1273年	白雲庵 阿弥陀佛像	銅造	位置:寶蓋山, 江原 鐵原郡 新西面	『東文選』75
37	元宗14	龍岩寺釋迦 如來·觀音 ·正趣菩薩 像補修	塑造	三道의 丁夫 五百을 징발하여 旻天寺 佛像을 주조하다	李穡「寶蓋山」 石台庵 地藏殿記
38	1277年	艶陽禪寺 地藏菩薩像 造像		創寺:1089年 (宣宗6年)	『東文選』72

■ 문헌에서 본 출현하는 불상·탑

『삼국유사』, 2권, 제2 기이, 「무왕」: … 一日王與夫人 欲幸師子寺 至龍華 山下大池邊 弥勒三尊 出現池中 留駕致敬 夫人謂王曰 須創大伽藍於此地固所 願也 王許之 詣知命所 問塡池事 以神力一夜頹山 塡池爲平地 乃法像彌勒三尊 殿塔廊廡各三所創之 額曰弥勒寺 眞平王遣百工助之 至今存其寺.

『삼국유사』, 3권, 제4 탑상, 「요동성육왕탑(遼東城育王塔)」: … 古老傳云 昔 高麗聖王 按行國界次 至此城 見五色雲覆地 往尋雲中 有僧執錫而立 旣至便滅 遠看還現 傍有土塔三重 上如覆釜 不知是何 更往覓僧 唯有荒草 掘尋一丈 得 杖并履 又掘得銘 上有梵書 侍臣識之 云是佛塔….

『삼국유사』, 3권, 제4 탑상, 「고려영탑사(高麗靈塔寺)」: 僧傳云 釋普德 字智 法 前高麗龍岡縣人也 詳見下本傳 常居平壤城 有山方老僧 來請講經 師固辭不

免赴講涅槃經四十余卷 罷席 至城西大寶山嵒穴下禪觀〈卷三第一五張〉有神人
來請 宜住此地 乃置錫杖於前 指其地曰 此下有八面七級石塔 掘之果然 因立精
舍 曰靈塔寺 以居之.

『삼국유사』, 3권, 제4 탑상, 「사불산(四佛山)」: 竹嶺東百許里 有山屹然高峙
眞平王九年甲申 忽有一大石 四面方丈 彫四方如來 皆以紅紗護之 自天隆其山
頂 王聞之 命駕瞻敬 遂創寺嵒側 額曰大乘寺 請比丘亡名 誦蓮經者主寺 洒掃
供石 香火不廢 號曰亦德山 或曰四佛山 比丘卒旣葬塚上生蓮.

『삼국유사』, 3권, 제4 탑상, 「굴불산(掘佛山)」: 又景德王 遊幸栢栗寺 至山
下聞地中有唱佛聲 命掘之 得大石 四面刻四方佛 因創寺 以掘佛爲號 今訛云
掘石.

『삼국유사』, 3권, 제4 탑상, 「생의사석미륵(生義寺石彌勒)」: 善德王時 釋生
義 常住道中寺 夢有僧引上南山而行 今結草爲標 至山之南洞 謂曰我埋此處 請
師出安嶺上旣覺 與友人尋所標 至其洞掘地 有石弥勒出 置於三花嶺上 善德王
十二年甲辰歲 創寺而居 後名生義寺.

『삼국유사』, 5권, 제9 효선, 「손순매아(孫順埋兒)」: … 順有小兒 每奪孃食順
難之 謂其妻曰 兒可得 母難再求 而奪其食 母飢何甚 且埋此兒 以圖母腹之盈
乃負兒歸 醉山北郊 堀地忽得石鐘 甚奇 夫婦驚恠 乍懸林木上 試擊之 舂容可
愛 妻曰得異物 殆兒之福 不可埋也….

『新增東國輿地勝覽』, 18권, 「恩津県, 佛宇, 灌燭寺」: 在般若山 有石弥勒
高五十四尺 世傳 高麗光宗朝 盤若山麓有大石湧出 僧慧明琢成佛像.

『牧隱詩藁』, 24권, 詩: 馬邑之東百余里 市津県中灌足寺 有大石像弥勒尊
我出俄出湧從地 巍然雪色臨大野 農夫刈稻充檀施 時時流汗警君臣 不獨口傳
藏國史….

『稼亭集』, 5권, 記「東遊記」: …出江城觀文殊堂 人言文殊普賢二石像 從地湧出者也 東有四仙碑 爲胡宗旦所坑 唯龜趺在耳….

『東國李相國集』, 23권, 記,「南行月日記」: …庚申春三月 又沿水課船 凡水村沙戶漁燈藍市 無不遊閱 八万頃臨陂沃溝 凡留數日而行 將指長沙 有一嚴有弥勒像挺然突立 是因嚴鑿出者 距其像若干步 又有巨嚴 然中虛者 自其中人之地漸寬敞 上忽通谿 屋宇宏麗 像設嚴換 是兜率寺也 日侵暮 促鞭絕馳 入禪雲寺宿焉 ….

■ 영산(靈山), 영석(靈石)에 관한 기록

『삼국유사』, 1권, 제1 기이,「진덕왕(眞德王)」: …新羅有四靈地 將議大事 則大臣必會其地謀之 則其事必成 一曰東靑松山 二曰南亐知山 三曰西皮田 四曰北金剛山 是王代始行正旦禮 始行侍即號.

『삼국유사』, 2권, 제2 기이,「남부여 전백제(南扶餘前百濟)」: 又郡中有三山, 曰, (曰)山吳山浮山, 國家全盛之時, 各神人居其上, 飛相往來, 朝夕不絕.

『삼국사기』, 3권,「실성왕12년」: 十二年, 秋八月, 雲起, 望之如樓閣, 香氣郁然, 久而不歇, 王謂是必仙靈降遊, 應是福也, 從此後, 禁人斬伐樹木.

『삼국유사』, 2권, 제2 기이,「남부여 전백제 북부여(南扶餘 前百濟 北扶餘)」: … 又虎嵓寺有政事嵓 國家將議宰相 則書當選者名 或三四 函封置嵓下 須臾取看名 上有印跡者爲相 故名之 又泗沘河邊有一嵓 蘇定方嘗坐此上 釣魚龍而出 故嵓上有龍跪之跡 因名龍嵓 ….

又泗沘崖又有一石 可坐十余人 百濟王欲幸王興寺禮佛 先於此石望拜佛 其石自煖 因名煖石 又泗沘河兩崖如畵屏 百濟王每遊宴歌舞故 至今稱爲大王浦 ….

■ 참고 문헌

史書類

『三國史記』

『三國遺事』

『高麗史』

『東文選』

『新增東國輿地勝覽』

『朝鮮金石總覽』, 朝鮮總督府, 1919.

朝鮮總督府, 『朝鮮寺刹史料』, 圖書刊行會, 1971.

權相老 편, 『韓國寺刹全書 上·下』, 梨花女子大學校出版部.

도록 및 보고서

『石窟庵』, 河出書房新社, 1991.

『慶州南山』, 悅話堂, 1987.

『佛像』, 中央日報社, 1994.

『韓國美術全書5 - 佛像』, 同和出版公社, 1973.

『國寶 卷4 - 石佛』, 竹書房, 1985.

『國寶 卷2 - 金銅佛·磨崖佛』, 雄進出版, 1992.

『文化財大觀 5 - 寶物3 佛像』, 韓國文化財保護協會, 1992.

秦弘燮 編, 『韓國佛像三百選』, 韓國精神文化研究院, 1982.

朝鮮總督府, 『慶州南山の仏蹟』, 1940.

『雲住寺總合學術調査』, 全南大學校博物館, 1991.

『彌勒里寺址發掘調査報告書』, 淸州大學博物館, 1978.

대흥사 · 동국대학교 박물관, 『대흥사 북미륵암 마애여래좌상 조사보고서』, 2005.
대한불교조계종 불교문화재 발굴조사단, 『북한산의 불교유적 - 북한산 불교유적 지표
　　　조사 보고서』, 1999.
『世界美術全集 - 高句麗 · 百濟 · 新羅 · 統一新羅 · 高麗 · 朝鮮』, 小学館, 1998.
『世界美術全集 - 五代 · 宋』, 小学館,
久野 健, 『古代朝鮮仏と飛鳥仏』, 吉川弘文館, 1997.
『中国美術第 3 卷 - 彫塑』, 講談社, 1972

한국 논저

金元龍, 「韓國佛敎美術史硏究의 二 · 三問題」, 『亞細亞硏究』 7-2, 1963.
──, 『芬皇寺石佛群』, 文化財管理局古蹟調査報告 第1册, 1967.
──, 『韓國美術史硏究』, 一志社, 1994.
秦弘燮 · 崔淳雨, 『韓國美術史年表』, 一志社, 1992.
秦弘燮, 『韓國의 佛像』, 一志社, 1976.
──, 「서울 近郊 磨崖佛」, 『鄕土 서울』 40, 1982.
──, 『新羅 · 高麗時代 美術文化』, 一志社, 1997.
──, 『韓國의 石造美術』, 文芸出版社, 1995.
──, 「高麗時代의 美術文化와 思想」, 『傳統과 思想Ⅲ』, 精神文化硏究院.
金理那, 「三國時代의 佛像」, 『韓國佛敎美術의 現況』, 芸耕, 1993.
──, 『韓國古代佛敎彫刻史硏究』, 一朝閣, 1995.
──, 「統一新羅時代藥師如來坐像의 한 가지 類型」, 『佛敎美術』 11號, 東國大博物
　　　館, 1992.
──, 「高麗時代의 石佛」, 『考古美術』 161 · 167號., 1986.
──, 『한국고대 불교조각 비교연구』, 문예출판사, 2003.
文明大, 「高麗後期端雅樣式(新古典樣式) 佛像의 成立과 展開」, 『古文化』 第22輯, 한국
　　　대학박물관협회, 1983.

―――,「高麗・朝鮮時代의 彫刻」,『韓國佛敎美術의 現況』, 芸耕, 1993.

―――,「新羅四方佛의 展開와 七佛庵佛像彫刻의 研究」,『美術資料』27號, 1980.

―――,「景德王代의 阿彌陀造成問題」,『李弘植 博士 回甲記念 韓國史論叢』, 新丘文化
　　社, 1969.

―――,「慶州 石窟庵 佛像 彫刻의 比較史的 研究」,『新羅文化』第2集, 1985.

―――,「韓國石窟寺院의 研究」,『歷史學報』제38號. 역사학회, 1968.

―――,「開泰寺石丈六三尊佛立像의 研究 - 毘盧舍那丈六三尊佛像과 關連해서」,『美
　　術資料』29號, 국립중앙박물관, 1981.

姜友邦,『圓融과 調和 - 韓國古代彫刻史의 原理』, 悅話堂, 1990.

―――,「韓國佛敎彫刻의 흐름」, 大援社, 1999.

―――,『韓國佛敎美術의 現況』, 芸耕, 1993.

―――,「新良志論 - 良志의 活動期와 作品世界」,『美術資料』第47號, 국립중앙박물관,
　　1991.

―――,『法空과 莊嚴 - 韓國古代彫刻史의 原理 II』, 悅話堂, 2000.

李弘植,「僧伽寺雜考」,『鄉土서울』6, 서울특별시사편찬위원회, 1959.

黃壽永,『石窟庵』, 芸耕産業社, 1989.

―――,「石窟庵의 創建과 沿革」,『歷史敎育』8, 歷史敎育研究會, 1964.

―――,『韓國의 佛像』, 文芸出版社, 1990.

鄭永鎬,「利川 '太平興國' 銘磨崖半跏像」,『史學志』16號, 단국대학교사학회, 1982.

―――,「高麗時代의 磨崖佛」,『考古美術』166・167號, 한국미술사학회, 1985.

鄭恩雨,「高麗後期의 佛敎彫刻研究」,『美術資料』第33號, 국립중앙박물관, 1983.

―――,「고려전기 금동보살상 연구」,『미술사학연구』228・229호, 한국미술사학회,
　　2000.

―――,「고려중기 불교조각에 보이는 북방적 요소」,『미술사학연구』265호, 한국미술
　　사학회, 2010.

―――,『고려후기 불교조각 연구』, 문예출판사, 2004.

崔聖銀,「溟州地方高麗時代石造菩薩像에 대한 연구」,『佛敎美術』5, 동국대학교박물

관, 1980.

———, 「十四世紀紀年銘菩薩像에 대하여」, 『美術資料』 第32輯, 국립중앙박물관, 1983.

———, 「高麗初期廣州鐵佛研究」, 『佛教美術研究』 2, 동국대학교 불교미술문화재연구소, 1995.

———, 「羅末麗初中部地域鐵佛의 樣式系譜」, 『講座美術史』 8, 韓國美術史研究所, 1996.

———, 『鐵佛』, 대원사, 1995.

———, 『석불 – 돌에 새긴 정토의 꿈』, 한길아트, 2003.

———, 「개태사 석조삼존불입상 연구 – 새로운 통일왕조 고려의 출현과 불교조각」, 『불교사논단』 제16·17집, 한국미술연구소, 2003.

———, 「고려시대 불교조각의 對宋관계」, 『불교사학연구』 237호, 한국미술사학회, 2003.

임영애, 「고려전기 원주지역의 불교조각」, 『미술사학연구』 228·229호, 한국미술사학회, 2000.

郭東錫 외, 『講座美術史』, 韓國美術史研究所, 1988.

趙恩廷, 「『新增東國輿地勝覽』과 朝鮮前期까지의 조각」, 『講座美術史』 3, 한국미술사연구소, 1990.

朴慶植, 『統一新羅石造美術研究』, 學研文化社, 1994.

金春實, 「忠南連山開泰寺石三尊佛考 – 本尊像과 左脇寺菩薩像이 後代의 模作 가능성에 대해서」, 『百濟研究』 21, 忠南大學校 百濟研究所, 1990.

金吉雄, 「彌勒大院石窟의 考察」, 『文化財』 18, 국립문화재연구소, 1985.

金相鉉, 「石佛寺 및 佛國寺의 研究」, 『佛教研究』 2, 한국불교연구원, 1986.

韓國佛教研究院, 『新羅의 廢寺』 I, 一志社, 1992.

韓國佛教研究院, 『新羅의 廢寺』 II, 一志社, 1992.

李基白·閔賢九, 『史料로 본 韓國文化 – 高麗編』, 一志社, 1984.

金庠基, 『新編高麗時代史』, 서울大學出版社, 1996.

──, 「高麗 光宗의 治世」, 『國史上의 諸問題』 2, 국사편찬위원회, 1959.

李基白, 『韓國史新論』, 學生社, 1979.

──, 『韓國古代史論 - 增補版』, 一潮閣, 1995.

──, 「高麗初期에 있어서 五代와의 관계」, 『韓國文化硏究院論叢』 第1輯, 이화여자
　　　　대학교 한국문화연구원, 1958.

──, 「新羅五岳의 성립과 의의」, 『震檀學報』 33, 진단학회, 1972.

高翊晋, 『韓國古代佛敎思想史』, 東國大學校出版部, 1989.

安啓賢, 『韓國佛敎史硏究』, 同和出版公社, 1982.

尹京烈, 『慶州南山 - 民族의 땅, 부처의 땅』, 佛地社, 1998.

尹武炳, 「開泰寺三尊石佛殿創建基壇調査報告」, 『百濟硏究』 17, 충남대학교 백제연구
　　　　소, 1986.

崔柄憲, 「新羅下代禪宗九山派의 성립」, 『韓國史硏究』 7輯, 한국사연구회, 1972.

──, 「羅末麗初禪宗의 社會的性格」, 『史學硏究』 25, 한국사학회, 1975.

──, 「新羅末金海地方의 豪族勢力과 禪宗」, 『韓國史論』 4輯, 국사편찬위원회,
　　　　1978.

──, 「道詵의 生涯와 羅末麗初의 風水地理說」, 『韓國史硏究』 11 韓國史硏究會,
　　　　1975.

金杜珍, 「高麗光宗代의 專制王權과 豪族」, 『韓國學報』 15, 한국학회, 1979.

──, 「高麗의 法相宗과 그 사상」, 『高麗初期佛敎史論』, 民族社, 1989.

──, 「高麗時代思想의 歷史的特徵」, 『傳統과 思想』 Ⅲ, 韓國精神文化硏究院, 1988.

國立文化財硏究所, 『韓國寺刹의 山神信仰硏究』, 國立文化財硏究所, 1996.

權悳永, 『古代韓中外交史』, 一潮閣, 1997.

金甲童, 「高麗時代의 山岳信仰」, 『韓國宗敎思想의 再照明』 (上), 震山韓基斗博士華甲紀
　　　　念論文集刊行委員會, 1983.

徐潤吉, 「道詵國師의 生涯와 思想」, 『先覺國師道詵의 新硏究』, 靈岩郡, 1988.

梁銀容, 「道詵國師裨補寺塔說의 연구」, 『先覺國師道詵의 新硏究』, 靈岩郡, 1988.

成春慶, 「道詵國師와 關連된 文化遺蹟」, 『道詵國師와 韓國』, 대한전통불교연구원,

1996.

國史編纂委員會, 『韓國史12 – 高麗王朝의 성립과 발전』, 國史編纂委員會, 1993.

───, 『韓國史16 – 高麗前期의 宗敎와 思想』, 國史編纂委員會, 1994.

───, 『韓國史21 – 高麗後期의 思想과 文化』, 國史編纂委員會, 1996.

───, 『韓國史論 2 – 高麗』, 國史編纂委員會, 1983.

金憲龍 『韓國文獻說話5 – 佛敎 · 鬼神 · 巫覡』, 建國大學校出版部, 2000.

───, 『韓國文獻說話6 – 仙道 · 神異 · 夢事』, 建國大學校出版部, 2000.

金鐘大 外, 『돌의 미를 찾아서』, 다른 세상, 2000.

이태호 외, 『한국의 마애불』, 다른세상, 2002.

최원석, 「나말여초의 비보사탑 연구」, 『九山論集』 제2집, 구산장학회, 1998.

───, 「영남 지방의 神補寺塔에 관한 고찰」, 『한국사상사학』 제17집, 한국사상사학
    회, 2001.

부여문화재연구소, 「禪雲寺東佛庵 – 발굴 및 마애불 실측 조사 보고서 연구」, 『부여문
    화재연구소 학술연구총서』 제12집, 1995.

이경화, 「파주 용미리 마애불병립상의 조성시기와 배경 – 成化7년 조성설을 제기하
    며」, 『불교미술사학』 제3집, 통도사성보박물관 불교미술사학회, 2005.

───, 「월출산 용암사지 마애불의 사적 해석」, 『한국사상과 문화』 제40집, 한국사상
    문화학회, 2007.

───, 「한국 마애불에 반영된 민간신앙」, 『종교학보』 창간호, 한국종교간대화학회,
    2006.

남동신, 「북한산 僧伽大師像과 僧伽信仰」, 『서울학연구』 제14호, 서울학연구소, 2000.

윤현희, 「江華 河岾面 석불입상 연구」, 『인천문화연구』 제2호, 인천광역시립박물관,
    2004.

최선주, 「고려초기 관촉사 석조 보살 입상에 대한 연구」, 『미술사연구』 제14호, 미술사
    연구회, 2000.

진정환, 「고려시대 전북지역 석불에 대한 고찰」, 『동악미술사학』 제4호, 동악미술사학
    회, 2003.

──, 「나말여초 남원지역 불상조성 대중화에 대한 시론 – 虎基里 마애불 조성과 관련하여」, 『동악미술사학』 제7호, 동악미술사학회, 2006.

차윤정, 「삼국시대 보살상에 대한 일고찰-지물을 중심으로」, 『불교미술사학』 Vol.2, 통도사성보박물관 불교미술사학회, 2004.

최선아, 「동아시아 7~8세기 轉法輪印 아미타불좌상 연구 – 안압지 출토 금동삼존 판불의 도상적 원류와 관련하여」, 『미술사학연구 244권』, 한국미술사학회, 2004.

정지희, 「북한산 서부지역 고려불상의 연구」, 『강좌미술사』 26, 한국미술사연구소, 2006.

Jochen Hiltmann 저, 金敬延 역, 『彌勒 – 雲住寺千佛千塔의 龍華世界』, 學古齋, 1997.

일본 논저

井上 正, 『7~9世紀の美術 – 伝来と開花』, 岩波書店, 1991.

──, 『古仏』, 法蔵館, 1986.

──, 「靈木に出現する仏 – 列島に根付いた神仏習合」, 『木』, 思文閣出版, 1994.

──, 「神仏習合の精神と造形」, 『図説 日本の仏教6 – 神仏習合と修験』, 新潮社, 1989.

──, 「日本彫刻にみるインド風」, 『仏教美術におけるインド風について – 彫刻を中心に』, 仏教美術研究上野記念財団助成研究会報告書, 第14冊, 1986.

──, 『薬師寺東金堂の諸像』, 岩波書店, 1993.

──, 「平安彫刻のプロポーションについて」, 『日本美術工芸』 421.

──, 「神仙思想と山水」, 『山水』, 小学館, 1985.

──, 「和様彫刻の成立と展開」, 『日本古寺美術全集15 – 平等院と南山城の古寺』, 集英社, 1975.

──, 「定朝以後の諸相」, 『日本古寺美術全集9 – 神護寺と洛北の古寺』, 集英社,

　　　　　　1976.

──, 「地蔵院地蔵菩薩坐像」, 『国華』941号, 国華社, 1971.

──, 「神と仏の出会い－行基の役割」, 『創造の世界』79号, 小学館, 1991.

──, 「人のかたちを神の領域へ－古代東アジア彫像の課題」, 『東アジア美術の視座
　　　　　　－人のかたち人のからだ』, 平凡社.

中吉 功, 『新羅・高麗の仏像』, 二玄社, 1971.

──, 『海東の仏教』, 国書刊行会, 1972.

松原三郎, 「新羅石仏の系譜」, 『美術研究』250号, 東京國立文化財研究所美術部,
　　　　　　1967.

──, 「新羅仏における唐様式の受容－二つの問題について」, 『仏教芸術』83号, 毎
　　　　　　日新聞社, 1972.

──, 「初唐彫刻と印度－特に優塡王像造像を中心に」, 『仏教美術におけるインド風
　　　　　　について－彫刻を中心に』, 仏教美術研究上野記念財団助成研究会報告書, 第
　　　　　　14冊, 1986.

──, 『韓国金銅仏研究』, 吉川弘文館, 1985.

──, 『東洋美術全史』, 東京美術, 1972.

毛利 久, 『仏像東漸－朝鮮と日本の古代彫刻』, 法藏館, 1978.

斉藤 孝, 「統一新羅石仏の技法－慶州掘仏寺址四面石仏を中心に」, 『史迹と美術』第
　　　　　　492号.

大西修也, 「軍威石窟三尊仏考」, 『仏教芸術』129号, 毎日新聞社, 1980.

菊竹淳一, 「対馬・壱岐の朝鮮系彫刻」, 『仏教芸術』95号, 毎日新聞社, 1974.

丸尾彰三郎, 「吉野・宇陀・飛鳥巡礼」, 『画説』49号.

久野 健, 「立木仏について」, 『美術研究』217号, 東京國立文化財研究所美術部, 1961.

安藤佳香, 「勝尾寺薬師三尊像考－神仏習合の一証左として」, 『仏教芸術』163号, 毎
　　　　　　日新聞社, 1985.

──, 「素木像における'未完成'の意義について」, 『京都市立芸術大学美術学部研究
　　　　　　紀要』30号, 京都市立芸術大学, 1986.

宮治 昭,『仏教美術のイコノロジ－インドから日本まで』, 吉川弘文館, 1999.

今西龍,「新羅僧道詵に就いて」,『東洋学報』第2巻 第2号, 東洋文庫, 1912.

金宅圭,「新羅及び日本古代の神仏習合に就いて」,『新羅と飛鳥白鳳の仏教文化』, 吉川弘文館, 1975.

三品彰英,「朝鮮における仏教と民族信仰–仏教の受容形態 1」,『仏教史学』第14巻 第1号, 仏教史学會, 1952.

─────,「穀霊儀礼と神話」,『大谷学報』, 第29巻 4号, 大谷大學大谷學會, 1948.

─────,「古代朝鮮の祭政と穀霊信仰に就いて」(中),『史林』21の2.

申賢淑,「韓国における仏教受容と民族信仰 1 – 仏教と穀霊問題」,『印度学仏教学研究』第25巻 第2号, 1977.

俞偉超 外,「孔望山磨崖像年代考」,『国華』1092号, 国華社.

阮栄春,「孔望山仏教造像時代考」,『国華』1094号, 国華社.

■ 도판 목록

제1장 불교의 수용과 재래 신앙

도1 불상 앞에서 재를 준비하고 있는 무녀, 경주 남산 삼릉곡

도2 백률사 석당기, 통일신라 818년, 경주 백률사, 높이 104㎝ 각 면의 너비 29㎝, 경
주국립박물관 소장

도3 황룡사 장육존상 대좌, 신라, 경주 황룡사지 금당터

도4 인왕산 선바위 , 서울 종로구 무악동

도5 인왕산 선바위 뒷면, 서울 종로구 무악동

제2장 삼국과 통일신라시대의 불교 조각

도1 금동 반가사유상, 삼국 7세기 전반, 높이 93.5㎝, 국보 83호, 국립중앙박물관 소장

도2 서산 마애 삼존 우협시 보살 입상 얼굴 부분, 전체 높이 170㎝, 서산 운산면 용
현리

도3 방형 대좌 금동 반가사유상, 삼국 7세기 전반, 높이 28.5㎝, 보물 331호, 국립중
앙박물관 소장

도4 계유명 전씨 아미타 삼존 비상, 통일신라 673년, 높이 40.3㎝, 국보 106호, 국립
청주박물관 소장

도5 여래 입상, 인도 굽타 5세기 중엽, 마투라출토, 높이 220㎝, 인도 마투라 박물관
소장

도6 감산사 석조 아미타여래 입상, 통일신라 719년, 높이 174㎝, 국보 82호, 국립중
앙박물관 소장

도7 칠불암 마애 삼존불, 통일신라, 본존 높이 266㎝, 국보 312호, 경주 남산

도8 칠불암 마애 삼존 좌협시 보살 입상, 통일신라, 높이 211㎝, 경주 남산

도9 굴불사지 사면석불 남면 여래 입상과 보살 입상, 통일신라, 높이 여래상 136㎝ 보
살상 145㎝, 보물 121호, 경주 동천동

도10 금광사지 출토 석조 여래 입상, 통일신라, 현재 높이 201cm, 경주국립박물관
　　　 소장

도11 황복사지 삼층석탑 출토 금제 여래 좌상, 통일신라 706년, 높이 12.1cm, 국보
　　　 79호, 국립중앙박물관 소장

도12 금동 약사여래 입상, 통일신라, 높이 29cm, 보물 328호, 국립중앙박물관 소장

도13 금동 보살 입상, 통일신라, 높이 34cm, 국보 200호, 부산시립박물관 소장

도14 신선암 관음보살 좌상 얼굴 부분, 통일신라, 전체 높이 153cm, 경주 남산

도15 석굴암 본존불, 통일신라, 전체 높이 508.4cm, 경주 토함산

도16 여래 좌상, 당, 천룡산 석굴, 미국 하버드 대학교 박물관 소장

도17 미륵곡 석조 여래 좌상, 통일신라 8세기 후반, 높이 244cm, 경주 남산

도18 관봉 석조 여래 좌상, 통일신라 8세기 후반, 총 높이 400cm, 경북 경산

도19 삼릉곡 석조 약사여래 좌상, 통일신라 8세기 말, 높이 145cm, 경주 남산, 국립중
　　　 앙박물관 소장

도20 고운사 석조 여래 좌상, 통일신라 9세기, 높이 79cm, 경북 의성

도21 서산 마애 삼존불, 백제, 본존 높이 280cm, 국보 84호, 서산 운산면 용현리

도22 용장곡 용장사지 마애 여래 좌상, 통일신라, 높이 114cm, 경주 남산

도23 단석산 바위 남쪽 면 전경, 경북 월성

도24 선도산 마애 삼존불, 신라, 7세기 중엽, 본존 높이 685cm, 경주시 서악동

도25 상사암, 높이 15m 폭 28m, 경주 남산

도26 삼릉곡 부부암과 선각 여래 좌상, 경주 남산

도27 단석산 북쪽 바위 불상과 공양자상, 경북 월성

도28 삼릉곡 마애 여래 좌상, 통일신라, 높이 521cm, 경주 남산

도29 삼릉곡 마애 여래 좌상 측면

도30 굴불사지 서면 아미타 삼존불, 통일신라, 본존 높이 351cm, 경주 동천동

도31 약수곡 마애 대불, 통일신라, 현재 높이 860cm, 경주 남산

도32 탑곡 사방불 동쪽 면 마애 여래 좌상, 통일신라, 경주 남산

도33 삼릉곡 선각 삼존 입상, 통일신라, 경주 남산

■ 삽도 목록

■ 찾아보기

고려 석불의 조형과 정신 ——

고려 석불의 조형과 정신

1판 1쇄 펴낸날 2013년 6월 10일

지은이 김진숙
펴낸이 이규만

펴낸곳 참글세상
출판등록 2009년 3월 11일(제300-2009-24호)
주소 서울시 종로구 인사동 7길 12 백상빌딩 1305호
전화 (02) 730-2500
팩스 (02) 723-5961
e-mail kyoon1003@hanmail.net

ⓒ 김진숙, 2013

ISBN 978-89-94781-14-3 93220

값 18,000원